Bryn Mawr Commentaries

# Plato's *Crito*

Gilbert P. Rose

Department of Greek, Bryn Mawr College
Bryn Mawr, Pennsylvania

Copyright ©1980, 1981, 1983 by **Bryn Mawr Commentaries**
Second printing with alterations, 1981.
Third printing with alterations, 1983.

Manufactured in the United States of America
ISBN 0-929524-24-1
Printed and distributed by
Bryn Mawr Commentaries
Thomas Library
Bryn Mawr College
Bryn Mawr, PA 19010

# Series Preface

These lexical and grammatical notes are meant not as a full-scale commentary but as a clear and concise aid to the beginning student. The editors have been told to resist their critical impulses and to say only what will help the student read the text. Our commentaries, then, are the beginning of the interpretative process, not the end.

We expect that the student will know the basic Attic declensions and conjugations, basic grammar (the common functions of cases and moods; the common types of clauses and conditions), and how to use a dictionary. In general we have tried to avoid duplication of material easily extractable from the lexicon; but we have included help with odd verb forms, and, recognizing that endless page-flipping can be counter-productive, we have provided the occasional bonus of assistance with difficult vocabulary. If the student has seen the word before, it will probably not be given. The bibliography lists a few works in English that have proved helpful as secondary reading.

The commentaries are based on the Oxford Classical Text unless otherwise noted. Oxford University Press has kindly allowed us to print its edition of the Greek text in cases where we thought it would be particularly beneficial to the student.

Production of these texts has been made possible by a generous grant from the Division of Education Programs, the National Endowment for the Humanities.

                    Richard Hamilton     Gregory W. Dickerson
                    General Editor        Associate Editor
                        Bryn Mawr Commentaries

# Volume Preface

In 399 B.C. when he was seventy an Athenian court condemned Socrates to death on the charges of innovating in religion and corrupting the young by his teachings. In the *Apology* Plato (427–347), an Athenian aristocrat and Socrates' pupil, presented what purports to be the speech Socrates gave in his own defense at the trial. Plato's *Phaedo* is a discussion of the immortality of the soul and closes with Socrates taking the hemlock. In dramatic order the *Crito* falls between those two works. The aged Crito, a close friend to Socrates, has come to see him in his cell, where he is awaiting the day of execution. This cannot take place until the sacred Athenian ship arrives from its annual mission to Delos, Apollo's island. Crito urges Socrates to escape before it arrives and to leave Athens. But he refuses, and most of the dialogue is taken up with his reasons. The major philosophical problem of the *Crito* is the relationship of the citizen to his city-state in its legal aspect and particularly the question whether there are any circumstances under which one has the right to disregard the law.

Socrates appears as a central character in most of Plato's works, which usually take the form of dialogues. Through the representation of the spoken word and of actual people, Plato suggests that where ethical issues are concerned we should view thought and action together, testing a person's principles against the moral quality of his life. In Socrates he perceived a total consonance of these two things. Most of the Platonic corpus, however, embodies presentations not of Socrates' own ideas but of Plato's. Furthermore, since Socrates apparently wrote nothing philosophical, and since we have only uncertain evidence for his views outside of Plato, it is probably a sound procedure, at least for those not expert in Greek philosophy, to regard the Socrates in Plato's writings primarily as a literary creation (although this stricture may apply with less force to the *Crito* than to most of the other works). Correspondingly, we cannot assume that any of the conversations "reported" by Plato are historical.

Gilbert P. Rose
Swarthmore, PA
September 1980

# ΚΡΙΤΩΝ

ΣΩΚΡΑΤΗΣ ΚΡΙΤΩΝ

ΣΩ. Τί τηνικάδε ἀφῖξαι, ὦ Κρίτων; ἢ οὐ πρῲ ἔτι ἐστίν;
ΚΡ. Πάνυ μὲν οὖν.
ΣΩ. Πηνίκα μάλιστα;
ΚΡ. Ὄρθρος βαθύς.
ΣΩ. Θαυμάζω ὅπως ἠθέλησέ σοι ὁ τοῦ δεσμωτηρίου φύλαξ ὑπακοῦσαι.
ΚΡ. Συνήθης ἤδη μοί ἐστιν, ὦ Σώκρατες, διὰ τὸ πολλάκις δεῦρο φοιτᾶν, καί τι καὶ εὐεργέτηται ὑπ' ἐμοῦ.
ΣΩ. Ἄρτι δὲ ἥκεις ἢ πάλαι;
ΚΡ. Ἐπιεικῶς πάλαι.
ΣΩ. Εἶτα πῶς οὐκ εὐθὺς ἐπήγειράς με, ἀλλὰ σιγῇ παρακάθησαι;
ΚΡ. Οὐ μὰ τὸν Δία, ὦ Σώκρατες, οὐδ' ἂν αὐτὸς ἤθελον ἐν τοσαύτῃ τε ἀγρυπνίᾳ καὶ λύπῃ εἶναι, ἀλλὰ καὶ σοῦ πάλαι θαυμάζω αἰσθανόμενος ὡς ἡδέως καθεύδεις· καὶ ἐπίτηδές σε οὐκ ἤγειρον ἵνα ὡς ἥδιστα διάγῃς. καὶ πολλάκις μὲν δή σε καὶ πρότερον ἐν παντὶ τῷ βίῳ ηὐδαιμόνισα τοῦ τρόπου, πολὺ δὲ μάλιστα ἐν τῇ νῦν παρεστώσῃ συμφορᾷ, ὡς ῥᾳδίως αὐτὴν καὶ πρᾴως φέρεις.

a 5 ἠθέλησε B : ἤθελε T τε W    b 8 νυνὶ W    b 1 πῶς B : ὡς T    b 4 ἀγρυπνίᾳ

## 43 b ΠΛΑΤΩΝΟΣ

ΣΩ. Καὶ γὰρ ἄν, ὦ Κρίτων, πλημμελὲς εἴη ἀγανακτεῖν τηλικοῦτον ὄντα εἰ δεῖ ἤδη τελευτᾶν.

ΚΡ. Καὶ ἄλλοι, ὦ Σώκρατες, τηλικοῦτοι ἐν τοιαύταις συμφοραῖς ἁλίσκονται, ἀλλ' οὐδὲν αὐτοὺς ἐπιλύεται ἡ ἡλικία τὸ μὴ οὐχὶ ἀγανακτεῖν τῇ παρούσῃ τύχῃ.

ΣΩ. Ἔστι ταῦτα. ἀλλὰ τί δὴ οὕτω πρῲ ἀφῖξαι;

ΚΡ. Ἀγγελίαν, ὦ Σώκρατες, φέρων χαλεπήν, οὐ σοί, ὡς ἐμοὶ φαίνεται, ἀλλ' ἐμοὶ καὶ τοῖς σοῖς ἐπιτηδείοις πᾶσιν καὶ χαλεπὴν καὶ βαρεῖαν, ἣν ἐγώ, ὡς ἐμοὶ δοκῶ, ἐν τοῖς βαρύτατ' ἂν ἐνέγκαιμι.

ΣΩ. Τίνα ταύτην; ἢ τὸ πλοῖον ἀφῖκται ἐκ Δήλου, οὗ δεῖ ἀφικομένου τεθνάναι με;

ΚΡ. Οὔτοι δὴ ἀφῖκται, ἀλλὰ δοκεῖν μέν μοι ἥξει τήμερον ἐξ ὧν ἀπαγγέλλουσιν ἥκοντές τινες ἀπὸ Σουνίου καὶ καταλιπόντες ἐκεῖ αὐτό. δῆλον οὖν ἐκ τούτων [τῶν ἀγγέλων] ὅτι ἥξει τήμερον, καὶ ἀνάγκη δὴ εἰς αὔριον ἔσται, ὦ Σώκρατες, τὸν βίον σε τελευτᾶν.

ΣΩ. Ἀλλ', ὦ Κρίτων, τύχῃ ἀγαθῇ, εἰ ταύτῃ τοῖς θεοῖς φίλον, ταύτῃ ἔστω· οὐ μέντοι οἶμαι ἥξειν αὐτὸ τήμερον.

ΚΡ. Πόθεν τοῦτο τεκμαίρῃ;

ΣΩ. Ἐγώ σοι ἐρῶ. τῇ γάρ που ὑστεραίᾳ δεῖ με ἀποθνῄσκειν ἢ ᾗ ἂν ἔλθῃ τὸ πλοῖον.

ΚΡ. Φασί γέ τοι δὴ οἱ τούτων κύριοι.

ΣΩ. Οὐ τοίνυν τῆς ἐπιούσης ἡμέρας οἶμαι αὐτὸ ἥξειν ἀλλὰ τῆς ἑτέρας. τεκμαίρομαι δὲ ἔκ τινος ἐνυπνίου ὃ ἑώρακα ὀλίγον πρότερον ταύτης τῆς νυκτός· καὶ κινδυνεύεις ἐν καιρῷ τινι οὐκ ἐγεῖραί με.

ΚΡ. Ἦν δὲ δὴ τί τὸ ἐνύπνιον;

ΣΩ. Ἐδόκει τίς μοι γυνὴ προσελθοῦσα καλὴ καὶ εὐειδής, λευκὰ ἱμάτια ἔχουσα, καλέσαι με καὶ εἰπεῖν· "Ὦ Σώκρατες,

---

c 2 αὐτοὺς B : αὐτοῖς T   c 5 post χαλεπὴν add. καὶ βαρεῖαν B
c 7 βαρύτατ' B t : βαρυτάτοις T (ut videtur)   d 2 δοκεῖν... ἥξει
Buttmann : δοκεῖν... ἥξειν B : δοκεῖ... ἥξειν B²TW   d 4 τῶν
ἀγγέλων BT et marg. W : secl. Hirschig : τῶν ἀγγελιῶν W

ΚΡΙΤΩΝ 44 b

ἤματί κεν τριτάτῳ Φθίην ἐρίβωλον ἵκοιο."

ΚΡ. Ἄτοπον τὸ ἐνύπνιον, ὦ Σώκρατες.

ΣΩ. Ἐναργὲς μὲν οὖν, ὥς γέ μοι δοκεῖ, ὦ Κρίτων.

ΚΡ. Λίαν γε, ὡς ἔοικεν. ἀλλ', ὦ δαιμόνιε Σώκρατες, 5
ἔτι καὶ νῦν ἐμοὶ πιθοῦ καὶ σώθητι· ὡς ἐμοί, ἐὰν σὺ ἀποθάνῃς, οὐ μία συμφορά ἐστιν, ἀλλὰ χωρὶς μὲν τοῦ ἐστερῆσθαι τοιούτου ἐπιτηδείου οἷον ἐγὼ οὐδένα μή ποτε εὑρήσω, ἔτι δὲ καὶ πολλοῖς δόξω, οἳ ἐμὲ καὶ σὲ μὴ σαφῶς ἴσασιν, ὡς οἷός τ' ὢν σε σῴζειν εἰ ἤθελον ἀναλίσκειν χρήματα, c
ἀμελῆσαι. καίτοι τίς ἂν αἰσχίων εἴη ταύτης δόξα ἢ δοκεῖν χρήματα περὶ πλείονος ποιεῖσθαι ἢ φίλους; οὐ γὰρ πείσονται οἱ πολλοὶ ὡς σὺ αὐτὸς οὐκ ἠθέλησας ἀπιέναι ἐνθένδε ἡμῶν προθυμουμένων. 5

ΣΩ. Ἀλλὰ τί ἡμῖν, ὦ μακάριε Κρίτων, οὕτω τῆς τῶν πολλῶν δόξης μέλει; οἱ γὰρ ἐπιεικέστατοι, ὧν μᾶλλον ἄξιον φροντίζειν, ἡγήσονται αὐτὰ οὕτω πεπρᾶχθαι ὥσπερ ἂν πραχθῇ.

ΚΡ. Ἀλλ' ὁρᾷς δὴ ὅτι ἀνάγκη, ὦ Σώκρατες, καὶ τῆς τῶν d
πολλῶν δόξης μέλειν. αὐτὰ δὲ δῆλα τὰ παρόντα νυνὶ ὅτι οἷοί τ' εἰσὶν οἱ πολλοὶ οὐ τὰ σμικρότατα τῶν κακῶν ἐξεργάζεσθαι ἀλλὰ τὰ μέγιστα σχεδόν, ἐάν τις ἐν αὐτοῖς διαβεβλημένος ᾖ. 5

ΣΩ. Εἰ γὰρ ὤφελον, ὦ Κρίτων, οἷοί τ' εἶναι οἱ πολλοὶ τὰ μέγιστα κακὰ ἐργάζεσθαι, ἵνα οἷοί τ' ἦσαν καὶ ἀγαθὰ τὰ μέγιστα, καὶ καλῶς ἂν εἶχεν. νῦν δὲ οὐδέτερα οἷοί τε· οὔτε γὰρ φρόνιμον οὔτε ἄφρονα δυνατοὶ ποιῆσαι, ποιοῦσι δὲ τοῦτο ὅτι ἂν τύχωσι. 10

ΚΡ. Ταῦτα μὲν δὴ οὕτως ἐχέτω· τάδε δέ, ὦ Σώκρατες, e

b 3 ἄτοπον B : ὡς ἄτοπον T Proclus    b 4 γέ μοι B : ἐμοὶ T
b 6 πιθοῦ Burges : πείθου B T    b 7 οὐ μία T : οὐδεμία B    τοῦ
Sallier : σοῦ B T    b 9 δὲ secl. Schanz    c 1 ὡς secl. Cobet
d 2 δῆλα] δηλοῖ Cornarius    d 4 σχεδὸν τὰ μέγιστα T    d 7 ἐργάζεσθαι B : ἐξεργάζεσθαι T W    καὶ B T : αὖ καὶ W    τὰ μέγιστα
ἀγαθά W : τἀγαθὰ τὰ μέγιστα Cobet

εἰπέ μοι. ἆρά γε μὴ ἐμοῦ προμηθῇ καὶ τῶν ἄλλων ἐπιτηδείων μή, ἐὰν σὺ ἐνθένδε ἐξέλθῃς, οἱ συκοφάνται ἡμῖν πράγματα παρέχωσιν ὡς σὲ ἐνθένδε ἐκκλέψασιν, καὶ ἀναγκασθῶμεν ἢ καὶ πᾶσαν τὴν οὐσίαν ἀποβαλεῖν ἢ συχνὰ χρήματα, ἢ καὶ ἄλλο τι πρὸς τούτοις παθεῖν; εἰ γάρ τι τοιοῦτον φοβῇ, ἔασον αὐτὸ χαίρειν· ἡμεῖς γάρ που δίκαιοί ἐσμεν σώσαντές σε κινδυνεύειν τοῦτον τὸν κίνδυνον καὶ ἐὰν δέῃ ἔτι τούτου μείζω. ἀλλ' ἐμοὶ πείθου καὶ μὴ ἄλλως ποίει.

ΣΩ. Καὶ ταῦτα προμηθοῦμαι, ὦ Κρίτων, καὶ ἄλλα πολλά.

ΚΡ. Μήτε τοίνυν ταῦτα φοβοῦ—καὶ γὰρ οὐδὲ πολὺ τἀργύριόν ἐστιν ὃ θέλουσι λαβόντες τινὲς σῶσαί σε καὶ ἐξαγαγεῖν ἐνθένδε. ἔπειτα οὐχ ὁρᾷς τούτους τοὺς συκοφάντας ὡς εὐτελεῖς, καὶ οὐδὲν ἂν δέοι ἐπ' αὐτοὺς πολλοῦ ἀργυρίου; σοὶ δὲ ὑπάρχει μὲν τὰ ἐμὰ χρήματα, ὡς ἐγὼ οἶμαι, ἱκανά· ἔπειτα καὶ εἴ τι ἐμοῦ κηδόμενος οὐκ οἴει δεῖν ἀναλίσκειν τἀμά, ξένοι οὗτοι ἐνθάδε ἕτοιμοι ἀναλίσκειν· εἷς δὲ καὶ κεκόμικεν ἐπ' αὐτὸ τοῦτο ἀργύριον ἱκανόν, Σιμμίας ὁ Θηβαῖος, ἕτοιμος δὲ καὶ Κέβης καὶ ἄλλοι πολλοὶ πάνυ. ὥστε, ὅπερ λέγω, μήτε ταῦτα φοβούμενος ἀποκάμῃς σαυτὸν σῶσαι, μήτε, ὃ ἔλεγες ἐν τῷ δικαστηρίῳ, δυσχερές σοι γενέσθω ὅτι οὐκ ἂν ἔχοις ἐξελθὼν ὅτι χρῷο σαυτῷ· πολλαχοῦ μὲν γὰρ καὶ ἄλλοσε ὅποι ἂν ἀφίκῃ ἀγαπήσουσί σε· ἐὰν δὲ βούλῃ εἰς Θετταλίαν ἰέναι, εἰσὶν ἐμοὶ ἐκεῖ ξένοι οἳ σε περὶ πολλοῦ ποιήσονται καὶ ἀσφάλειάν σοι παρέξονται, ὥστε σε μηδένα λυπεῖν τῶν κατὰ Θετταλίαν.

Ἔτι δέ, ὦ Σώκρατες, οὐδὲ δίκαιόν μοι δοκεῖς ἐπιχειρεῖν πρᾶγμα, σαυτὸν προδοῦναι, ἐξὸν σωθῆναι, καὶ τοιαῦτα σπεύδεις περὶ σαυτὸν γενέσθαι ἅπερ ἂν καὶ οἱ ἐχθροί σου σπεύσαιέν τε καὶ ἔσπευσαν σὲ διαφθεῖραι βουλόμενοι. πρὸς δὲ τούτοις

e 2 μὴ B T : om. W    e 6 τούτοις T b : τούτους B    a 6 μήτε B : μὴ T W    b 3 οὗτοι] τοι Schanz    καὶ B T : om. W    b 6 μήτε B t : μὴ T    σῶσαι σαυτόν T W    c 1 ἄλλοσε] ἄλλοθι Schanz    c 6 σπεύδειν Stephanus

## ΚΡΙΤΩΝ   45 c

καὶ τοὺς ὑεῖς τοὺς σαυτοῦ ἔμοιγε δοκεῖς προδιδόναι, οὕς σοι
ἐξὸν καὶ ἐκθρέψαι καὶ ἐκπαιδεῦσαι οἰχήσῃ καταλιπών, καὶ d
τὸ σὸν μέρος ὅτι ἂν τύχωσι τοῦτο πράξουσιν· τεύξονται δέ,
ὡς τὸ εἰκός, τοιούτων οἷάπερ εἴωθεν γίγνεσθαι ἐν ταῖς
ὀρφανίαις περὶ τοὺς ὀρφανούς. ἢ γὰρ οὐ χρὴ ποιεῖσθαι
παῖδας ἢ συνδιαταλαιπωρεῖν καὶ τρέφοντα καὶ παιδεύοντα, σὺ 5
δέ μοι δοκεῖς τὰ ῥᾳθυμότατα αἱρεῖσθαι. χρὴ δέ, ἅπερ ἂν ἀνὴρ
ἀγαθὸς καὶ ἀνδρεῖος ἕλοιτο, ταῦτα αἱρεῖσθαι, φάσκοντά γε δὴ
ἀρετῆς διὰ παντὸς τοῦ βίου ἐπιμελεῖσθαι· ὡς ἔγωγε καὶ
ὑπὲρ σοῦ καὶ ὑπὲρ ἡμῶν τῶν σῶν ἐπιτηδείων αἰσχύνομαι μὴ e
δόξῃ ἅπαν τὸ πρᾶγμα τὸ περὶ σὲ ἀνανδρίᾳ τινὶ τῇ ἡμετέρᾳ
πεπρᾶχθαι, καὶ ἡ εἴσοδος τῆς δίκης εἰς τὸ δικαστήριον ὡς
εἰσῆλθεν ἐξὸν μὴ εἰσελθεῖν, καὶ αὐτὸς ὁ ἀγὼν τῆς δίκης
ὡς ἐγένετο, καὶ τὸ τελευταῖον δὴ τουτί, ὥσπερ κατάγελως 5
τῆς πράξεως, κακίᾳ τινὶ καὶ ἀνανδρίᾳ τῇ ἡμετέρᾳ διαπεφευ-
γέναι ἡμᾶς δοκεῖν, οἵτινές σε οὐχὶ ἐσώσαμεν οὐδὲ σὺ σαυτόν, 46
οἷόν τε ὂν καὶ δυνατὸν εἴ τι καὶ μικρὸν ἡμῶν ὄφελος ἦν.
ταῦτα οὖν, ὦ Σώκρατες, ὅρα μὴ ἅμα τῷ κακῷ καὶ αἰσχρὰ ᾖ
σοί τε καὶ ἡμῖν. ἀλλὰ βουλεύου—μᾶλλον δὲ οὐδὲ βου-
λεύεσθαι ἔτι ὥρα ἀλλὰ βεβουλεῦσθαι—μία δὲ βουλή· τῆς 5
γὰρ ἐπιούσης νυκτὸς πάντα ταῦτα δεῖ πεπρᾶχθαι, εἰ δ' ἔτι
περιμενοῦμεν, ἀδύνατον καὶ οὐκέτι οἷόν τε. ἀλλὰ παντὶ
τρόπῳ, ὦ Σώκρατες, πείθου μοι καὶ μηδαμῶς ἄλλως ποίει.

ΣΩ. Ὦ φίλε Κρίτων, ἡ προθυμία σου πολλοῦ ἀξία εἰ b
μετά τινος ὀρθότητος εἴη· εἰ δὲ μή, ὅσῳ μείζων τοσούτῳ
χαλεπωτέρα. σκοπεῖσθαι οὖν χρὴ ἡμᾶς εἴτε ταῦτα πρακτέον
εἴτε μή· ὡς ἐγὼ οὐ νῦν πρῶτον ἀλλὰ καὶ ἀεὶ τοιοῦτος οἷος
τῶν ἐμῶν μηδενὶ ἄλλῳ πείθεσθαι ἢ τῷ λόγῳ ὃς ἄν μοι 5
λογιζομένῳ βέλτιστος φαίνηται. τοὺς δὴ λόγους οὓς ἐν τῷ

d 2 δὲ B T : τε W    d 4 χρὴ B : χρῆν (sic) T    e 4 εἰσῆλθεν
B : εἰσῆλθες T b    e 5 δὴ τουτί T : δήπου τουτί B : δὴ τουτί W
a 1 οὐχὶ B : οὐκ T    a 4 οὐδὲ om. T    a 6 δ' ἔτι B : δὲ T
b 4 οὐ νῦν πρῶτον herma Socratis C I G iii, 843, no. 6115 : οὐ μόνον
νῦν B T Eusebius    b 6 δὴ T W Eusebius : δὲ B

ΠΛΑΤΩΝΟΣ

ἔμπροσθεν ἔλεγον οὐ δύναμαι νῦν ἐκβαλεῖν, ἐπειδή μοι ἥδε ἡ τύχη γέγονεν, ἀλλὰ σχεδόν τι ὅμοιοι φαίνονταί μοι, c καὶ τοὺς αὐτοὺς πρεσβεύω καὶ τιμῶ οὕσπερ καὶ πρότερον· ὧν ἐὰν μὴ βελτίω ἔχωμεν λέγειν ἐν τῷ παρόντι, εὖ ἴσθι ὅτι οὐ μή σοι συγχωρήσω, οὐδ' ἂν πλείω τῶν νῦν παρόντων ἡ τῶν πολλῶν δύναμις ὥσπερ παῖδας ἡμᾶς μορμο-
5 λύττηται, δεσμοὺς καὶ θανάτους ἐπιπέμπουσα καὶ χρημάτων ἀφαιρέσεις. πῶς οὖν ἂν μετριώτατα σκοποίμεθα αὐτά; εἰ πρῶτον μὲν τοῦτον τὸν λόγον ἀναλάβοιμεν, ὃν σὺ λέγεις περὶ τῶν δοξῶν. πότερον καλῶς ἐλέγετο ἑκάστοτε ἢ οὔ, d ὅτι ταῖς μὲν δεῖ τῶν δοξῶν προσέχειν τὸν νοῦν, ταῖς δὲ οὔ; ἢ πρὶν μὲν ἐμὲ δεῖν ἀποθνήσκειν καλῶς ἐλέγετο, νῦν δὲ κατάδηλος ἄρα ἐγένετο ὅτι ἄλλως ἕνεκα λόγου ἐλέγετο, ἦν δὲ παιδιὰ καὶ φλυαρία ὡς ἀληθῶς; ἐπιθυμῶ
5 δ' ἔγωγ' ἐπισκέψασθαι, ὦ Κρίτων, κοινῇ μετὰ σοῦ εἴ τί μοι ἀλλοιότερος φανεῖται, ἐπειδὴ ὧδε ἔχω, ἢ ὁ αὐτός, καὶ ἐάσομεν χαίρειν ἢ πεισόμεθα αὐτῷ. ἐλέγετο δέ πως, ὡς ἐγῷμαι, ἑκάστοτε ὧδε ὑπὸ τῶν οἰομένων τὶ λέγειν, ὥσπερ νυνδὴ ἐγὼ ἔλεγον, ὅτι τῶν δοξῶν ἃς οἱ ἄνθρωποι e δοξάζουσιν δέοι τὰς μὲν περὶ πολλοῦ ποιεῖσθαι, τὰς δὲ μή. τοῦτο πρὸς θεῶν, ὦ Κρίτων, οὐ δοκεῖ καλῶς σοι λέγεσθαι; —σὺ γάρ, ὅσα γε τἀνθρώπεια, ἐκτὸς εἶ τοῦ μέλλειν ἀπο-
47 θνῄσκειν αὔριον, καὶ οὐκ ἂν σὲ παρακρούοι ἡ παροῦσα συμφορά· σκόπει δή—οὐχ ἱκανῶς δοκεῖ σοι λέγεσθαι ὅτι οὐ πάσας χρὴ τὰς δόξας τῶν ἀνθρώπων τιμᾶν ἀλλὰ τὰς μέν, τὰς δ' οὔ, οὐδὲ πάντων ἀλλὰ τῶν μέν, τῶν δ' οὔ; τί φῇς;
5 ταῦτα οὐχὶ καλῶς λέγεται;

ΚΡ. Καλῶς.

ΣΩ. Οὐκοῦν τὰς μὲν χρηστὰς τιμᾶν, τὰς δὲ πονηρὰς μή;

ΚΡ. Ναί.

---

c 8 περὶ] τὸν περὶ Eusebius   d 3 κατάδηλος B γρ. t : καὶ ἄδηλος T
d 6 φαίνεται B²   d 7 ἐάσομεν B t : ἐάσωμεν T   a 1 παρακρούοιθ'
Cobet   a 3 τῶν B T : τὰς τῶν W Eusebius   a 4 οὐδὲ ... δ'
οὔ T W Eusebius : om. B

# ΚΡΙΤΩΝ 47 a

ΣΩ. Χρησταὶ δὲ οὐχ αἱ τῶν φρονίμων, πονηραὶ δὲ αἱ τῶν ἀφρόνων;
ΚΡ. Πῶς δ' οὔ;
ΣΩ. Φέρε δή, πῶς αὖ τὰ τοιαῦτα ἐλέγετο; γυμναζόμενος ἀνὴρ καὶ τοῦτο πράττων πότερον παντὸς ἀνδρὸς ἐπαίνῳ καὶ ψόγῳ καὶ δόξῃ τὸν νοῦν προσέχει, ἢ ἑνὸς μόνου ἐκείνου ὃς ἂν τυγχάνῃ ἰατρὸς ἢ παιδοτρίβης ὤν;
ΚΡ. Ἑνὸς μόνου.
ΣΩ. Οὐκοῦν φοβεῖσθαι χρὴ τοὺς ψόγους καὶ ἀσπάζεσθαι τοὺς ἐπαίνους τοὺς τοῦ ἑνὸς ἐκείνου ἀλλὰ μὴ τοὺς τῶν πολλῶν.
ΚΡ. Δῆλα δή.
ΣΩ. Ταύτῃ ἄρα αὐτῷ πρακτέον καὶ γυμναστέον καὶ ἐδεστέον γε καὶ ποτέον, ᾗ ἂν τῷ ἑνὶ δοκῇ, τῷ ἐπιστάτῃ καὶ ἐπαΐοντι, μᾶλλον ἢ ᾗ σύμπασι τοῖς ἄλλοις.
ΚΡ. Ἔστι ταῦτα.
ΣΩ. Εἶεν. ἀπειθήσας δὲ τῷ ἑνὶ καὶ ἀτιμάσας αὐτοῦ τὴν δόξαν καὶ τοὺς ἐπαίνους, τιμήσας δὲ τοὺς τῶν πολλῶν [λόγους] καὶ μηδὲν ἐπαϊόντων, ἆρα οὐδὲν κακὸν πείσεται;
ΚΡ. Πῶς γὰρ οὔ;
ΣΩ. Τί δ' ἔστι τὸ κακὸν τοῦτο, καὶ ποῖ τείνει, καὶ εἰς τί τῶν τοῦ ἀπειθοῦντος;
ΚΡ. Δῆλον ὅτι εἰς τὸ σῶμα· τοῦτο γὰρ διόλλυσι.
ΣΩ. Καλῶς λέγεις. οὐκοῦν καὶ τἆλλα, ὦ Κρίτων, οὕτως, ἵνα μὴ πάντα διΐωμεν, καὶ δὴ καὶ περὶ τῶν δικαίων καὶ ἀδίκων καὶ αἰσχρῶν καὶ καλῶν καὶ ἀγαθῶν καὶ κακῶν, περὶ ὧν νῦν ἡ βουλὴ ἡμῖν ἐστιν, πότερον τῇ τῶν πολλῶν δόξῃ δεῖ ἡμᾶς ἕπεσθαι καὶ φοβεῖσθαι αὐτὴν ἢ τῇ τοῦ ἑνός, εἴ τίς ἐστιν ἐπαΐων, ὃν δεῖ καὶ αἰσχύνεσθαι καὶ φοβεῖσθαι μᾶλλον ἢ σύμπαντας τοὺς ἄλλους; ᾧ εἰ μὴ ἀκολουθήσομεν, δια-

b 2 προσέχει τὸν νοῦν pr. T   b 11 ᾗ T: εἰ B   c 2 λόγους B: om. T Eusebius   c 5 τὸ B Eusebius: om. T   c 7 διολλύει B (ut videtur) W   c 11 ἡ βουλὴ post ἐστιν transp. T φθεροῦμεν ἐκεῖνο καὶ λωβησόμεθα, ὃ τῷ μὲν δικαίῳ βέλτιον ἐγίγνετο τῷ δὲ ἀδίκῳ ἀπώλλυτο. ἢ οὐδέν ἐστι τοῦτο;

ΚΡ. Οἶμαι ἔγωγε, ὦ Σώκρατες.

ΣΩ. Φέρε δή, ἐὰν τὸ ὑπὸ τοῦ ὑγιεινοῦ μὲν βέλτιον γιγνόμενον, ὑπὸ τοῦ νοσώδους δὲ διαφθειρόμενον διολέσωμεν πειθόμενοι μὴ τῇ τῶν ἐπαϊόντων δόξῃ, ἆρα βιωτὸν ἡμῖν ἐστιν διεφθαρμένου αὐτοῦ; ἔστι δέ που τοῦτο σῶμα· ἢ οὐχί;

ΚΡ. Ναί.

ΣΩ. Ἆρ᾽ οὖν βιωτὸν ἡμῖν ἐστιν μετὰ μοχθηροῦ καὶ διεφθαρμένου σώματος;

ΚΡ. Οὐδαμῶς.

ΣΩ. Ἀλλὰ μετ᾽ ἐκείνου ἄρ᾽ ἡμῖν βιωτὸν διεφθαρμένου, ᾧ τὸ ἄδικον μὲν λωβᾶται, τὸ δὲ δίκαιον ὀνίνησιν; ἢ φαυλότερον ἡγούμεθα εἶναι τοῦ σώματος ἐκεῖνο, ὅτι ποτ᾽ ἐστὶ τῶν ἡμετέρων, περὶ ὃ ἥ τε ἀδικία καὶ ἡ δικαιοσύνη ἐστίν;

ΚΡ. Οὐδαμῶς.

ΣΩ. Ἀλλὰ τιμιώτερον;

ΚΡ. Πολύ γε.

ΣΩ. Οὐκ ἄρα, ὦ βέλτιστε, πάνυ ἡμῖν οὕτω φροντιστέον τί ἐροῦσιν οἱ πολλοὶ ἡμᾶς, ἀλλ᾽ ὅτι ὁ ἐπαΐων περὶ τῶν δικαίων καὶ ἀδίκων, ὁ εἷς καὶ αὐτὴ ἡ ἀλήθεια. ὥστε πρῶτον μὲν ταύτῃ οὐκ ὀρθῶς εἰσηγῇ, εἰσηγούμενος τῆς τῶν πολλῶν δόξης δεῖν ἡμᾶς φροντίζειν περὶ τῶν δικαίων καὶ καλῶν καὶ ἀγαθῶν καὶ τῶν ἐναντίων. "Ἀλλὰ μὲν δή," φαίη γ᾽ ἄν τις, "οἷοί τέ εἰσιν ἡμᾶς οἱ πολλοὶ ἀποκτεινύναι."

ΚΡ. Δῆλα δὴ καὶ ταῦτα· φαίη γὰρ ἄν, ὦ Σώκρατες. ἀληθῆ λέγεις.

ΣΩ. Ἀλλ᾽, ὦ θαυμάσιε, οὗτός τε ὁ λόγος ὃν διεληλύθαμεν ἔμοιγε δοκεῖ ἔτι ὅμοιος εἶναι καὶ πρότερον· καὶ τόνδε δὲ

e 1 τοῦτο T : τοῦτο τὸ B   e 7 ᾧ B : ᾧ ex ὃ T : ὃ supra versum W : ὃ Eusebius   a 6 τί B : ὅτι T   ἀλλ᾽ ὅτι B T : ἀλλὰ τί Eusebius ὃ om. T   a 11 τέ B : τέ γ᾽ T   b 1 φαίη γὰρ ἄν secl. Schanz b 4 ἔτι ὅμοιος B Priscianus : ἀνόμοιος T   καὶ πρότερον Priscianus : τῷ καὶ πρότερον B w : καὶ πρότερος T : τῷ πρότερον W   δὲ T : om. B

ΚΡΙΤΩΝ

αὖ σκόπει εἰ ἔτι μένει ἡμῖν ἢ οὔ, ὅτι οὐ τὸ ζῆν περὶ πλείστου ποιητέον ἀλλὰ τὸ εὖ ζῆν.

ΚΡ. Ἀλλὰ μένει.

ΣΩ. Τὸ δὲ εὖ καὶ καλῶς καὶ δικαίως ὅτι ταὐτόν ἐστιν, μένει ἢ οὐ μένει;

ΚΡ. Μένει.

ΣΩ. Οὐκοῦν ἐκ τῶν ὁμολογουμένων τοῦτο σκεπτέον, πότερον δίκαιον ἐμὲ ἐνθένδε πειρᾶσθαι ἐξιέναι μὴ ἀφιέντων Ἀθηναίων ἢ οὐ δίκαιον· καὶ ἐὰν μὲν φαίνηται δίκαιον, πειρώμεθα, εἰ δὲ μή, ἐῶμεν. ἃς δὲ σὺ λέγεις τὰς σκέψεις περί τε ἀναλώσεως χρημάτων καὶ δόξης καὶ παίδων τροφῆς, μὴ ὡς ἀληθῶς ταῦτα, ὦ Κρίτων, σκέμματα ᾖ τῶν ῥᾳδίως ἀποκτεινύντων καὶ ἀναβιωσκομένων γ᾽ ἄν, εἰ οἷοί τ᾽ ἦσαν, οὐδενὶ ξὺν νῷ, τούτων τῶν πολλῶν. ἡμῖν δ᾽, ἐπειδὴ ὁ λόγος οὕτως αἱρεῖ, μὴ οὐδὲν ἄλλο σκεπτέον ᾖ ἢ ὅπερ νυνδὴ ἐλέγομεν, πότερον δίκαια πράξομεν καὶ χρήματα τελοῦντες τούτοις τοῖς ἐμὲ ἐνθένδε ἐξάξουσιν καὶ χάριτας, καὶ αὐτοὶ ἐξάγοντές τε καὶ ἐξαγόμενοι, ἢ τῇ ἀληθείᾳ ἀδικήσομεν πάντα ταῦτα ποιοῦντες· κἂν φαινώμεθα ἄδικα αὐτὰ ἐργαζόμενοι, μὴ οὐ δέῃ ὑπολογίζεσθαι οὔτ᾽ εἰ ἀποθνῄσκειν δεῖ παραμένοντας καὶ ἡσυχίαν ἄγοντας, οὔτε ἄλλο ὁτιοῦν πάσχειν πρὸ τοῦ ἀδικεῖν.

ΚΡ. Καλῶς μέν μοι δοκεῖς λέγειν, ὦ Σώκρατες, ὅρα δὲ τί δρῶμεν.

ΣΩ. Σκοπῶμεν, ὦ ἀγαθέ, κοινῇ, καὶ εἴ πῃ ἔχεις ἀντιλέγειν ἐμοῦ λέγοντος, ἀντίλεγε καί σοι πείσομαι· εἰ δὲ μή, παῦσαι ἤδη, ὦ μακάριε, πολλάκις μοι λέγων τὸν αὐτὸν λόγον, ὡς χρὴ ἐνθένδε ἀκόντων Ἀθηναίων ἐμὲ ἀπιέναι· ὡς ἐγὼ περὶ πολλοῦ ποιοῦμαι πείσας σε ταῦτα πράττειν, ἀλλὰ μὴ ἄκοντος. ὅρα δὲ δὴ τῆς σκέψεως τὴν ἀρχὴν ἐάν σοι ἱκανῶς λέγηται, καὶ πειρῶ ἀποκρίνεσθαι τὸ ἐρωτώμενον ᾗ ἂν μάλιστα οἴῃ.

c 3 χρημάτων ἀναλώσεως T    c 8 τελοῦντες BT marg. W : πράττοντες W    e 4 πείσας Buttmann : πεῖσαί B : πείσαι (sic) T

ΚΡ. Ἀλλὰ πειράσομαι.

ΣΩ. Οὐδενὶ τρόπῳ φαμὲν ἑκόντας ἀδικητέον εἶναι, ἢ τινὶ μὲν ἀδικητέον τρόπῳ τινὶ δὲ οὔ; ἢ οὐδαμῶς τό γε ἀδικεῖν οὔτε ἀγαθὸν οὔτε καλόν, ὡς πολλάκις ἡμῖν καὶ ἐν τῷ ἔμπροσθεν χρόνῳ ὡμολογήθη; [ὅπερ καὶ ἄρτι ἐλέγετο] ἢ πᾶσαι ἡμῖν ἐκεῖναι αἱ πρόσθεν ὁμολογίαι ἐν ταῖσδε ταῖς ὀλίγαις ἡμέραις ἐκκεχυμέναι εἰσίν, καὶ πάλαι, ὦ Κρίτων, ἄρα τηλικοίδε [γέροντες] ἄνδρες πρὸς ἀλλήλους σπουδῇ διαλεγόμενοι ἐλάθομεν ἡμᾶς αὐτοὺς παίδων οὐδὲν διαφέροντες; ἢ παντὸς μᾶλλον οὕτως ἔχει ὥσπερ τότε ἐλέγετο ἡμῖν· εἴτε φασὶν οἱ πολλοὶ εἴτε μή, καὶ εἴτε δεῖ ἡμᾶς ἔτι τῶνδε χαλεπώτερα πάσχειν εἴτε καὶ πρᾳότερα, ὅμως τό γε ἀδικεῖν τῷ ἀδικοῦντι καὶ κακὸν καὶ αἰσχρὸν τυγχάνει ὂν παντὶ τρόπῳ; φαμὲν ἢ οὔ;

ΚΡ. Φαμέν.

ΣΩ. Οὐδαμῶς ἄρα δεῖ ἀδικεῖν.

ΚΡ. Οὐ δῆτα.

ΣΩ. Οὐδὲ ἀδικούμενον ἄρα ἀνταδικεῖν, ὡς οἱ πολλοὶ οἴονται, ἐπειδή γε οὐδαμῶς δεῖ ἀδικεῖν.

ΚΡ. Οὐ φαίνεται.

ΣΩ. Τί δὲ δή; κακουργεῖν δεῖ, ὦ Κρίτων, ἢ οὔ;

ΚΡ. Οὐ δεῖ δήπου, ὦ Σώκρατες.

ΣΩ. Τί δέ; ἀντικακουργεῖν κακῶς πάσχοντα, ὡς οἱ πολλοί φασιν, δίκαιον ἢ οὐ δίκαιον;

ΚΡ. Οὐδαμῶς.

ΣΩ. Τὸ γάρ που κακῶς ποιεῖν ἀνθρώπους τοῦ ἀδικεῖν οὐδὲν διαφέρει.

ΚΡ. Ἀληθῆ λέγεις.

ΣΩ. Οὔτε ἄρα ἀνταδικεῖν δεῖ οὔτε κακῶς ποιεῖν οὐδένα ἀνθρώπων, οὐδ' ἂν ὁτιοῦν πάσχῃ ὑπ' αὐτῶν. καὶ ὅρα, ὦ Κρίτων, ταῦτα καθομολογῶν, ὅπως μὴ παρὰ δόξαν ὁμολογῇς·

a 6 οὔτε καλὸν οὔτε ἀγαθόν W Eusebius　　a 7 ὅπερ ... ἐλέγετο secl. Burges　　a 10 γέροντες secl. Jacobs　　b 2 ἐλέγετο ἡμῖν B Eusebius : ἡμῖν ἐλέγετο T　　d 1 καθομολογῶν B Eusebius Stobaeus : ὁμολογῶν T

## ΚΡΙΤΩΝ

οἶδα γὰρ ὅτι ὀλίγοις τισὶ ταῦτα καὶ δοκεῖ καὶ δόξει. οἷς οὖν οὕτω δέδοκται καὶ οἷς μή, τούτοις οὐκ ἔστι κοινὴ βουλή, ἀλλὰ ἀνάγκη τούτους ἀλλήλων καταφρονεῖν ὁρῶντας ἀλλήλων τὰ βουλεύματα. σκόπει δὴ οὖν καὶ σὺ εὖ μάλα πότερον κοινωνεῖς καὶ συνδοκεῖ σοι καὶ ἀρχώμεθα ἐντεῦθεν βουλευόμενοι, ὡς οὐδέποτε ὀρθῶς ἔχοντος οὔτε τοῦ ἀδικεῖν οὔτε τοῦ ἀνταδικεῖν οὔτε κακῶς πάσχοντα ἀμύνεσθαι ἀντιδρῶντα κακῶς, ἢ ἀφίστασαι καὶ οὐ κοινωνεῖς τῆς ἀρχῆς; ἐμοὶ μὲν γὰρ καὶ πάλαι οὕτω καὶ νῦν ἔτι δοκεῖ, σοὶ δὲ εἴ πῃ ἄλλῃ δέδοκται, λέγε καὶ δίδασκε. εἰ δ' ἐμμένεις τοῖς πρόσθε, τὸ μετὰ τοῦτο ἄκουε.

ΚΡ. Ἀλλ' ἐμμένω τε καὶ συνδοκεῖ μοι· ἀλλὰ λέγε.

ΣΩ. Λέγω δὴ αὖ τὸ μετὰ τοῦτο, μᾶλλον δ' ἐρωτῶ· πότερον ἃ ἄν τις ὁμολογήσῃ τῳ δίκαια ὄντα ποιητέον ἢ ἐξαπατητέον;

ΚΡ. Ποιητέον.

ΣΩ. Ἐκ τούτων δὴ ἄθρει. ἀπιόντες ἐνθένδε ἡμεῖς μὴ πείσαντες τὴν πόλιν πότερον κακῶς τινας ποιοῦμεν, καὶ ταῦτα οὓς ἥκιστα δεῖ, ἢ οὔ; καὶ ἐμμένομεν οἷς ὡμολογήσαμεν δικαίοις οὖσιν ἢ οὔ;

ΚΡ. Οὐκ ἔχω, ὦ Σώκρατες, ἀποκρίνασθαι πρὸς ὃ ἐρωτᾷς· οὐ γὰρ ἐννοῶ.

ΣΩ. Ἀλλ' ὧδε σκόπει. εἰ μέλλουσιν ἡμῖν ἐνθένδε εἴτε ἀποδιδράσκειν, εἴθ' ὅπως δεῖ ὀνομάσαι τοῦτο, ἐλθόντες οἱ νόμοι καὶ τὸ κοινὸν τῆς πόλεως ἐπιστάντες ἔροιντο· "Εἰπέ μοι, ὦ Σώκρατες, τί ἐν νῷ ἔχεις ποιεῖν; ἄλλο τι ἢ τούτῳ τῷ ἔργῳ ᾧ ἐπιχειρεῖς διανοῇ τούς τε νόμους ἡμᾶς ἀπολέσαι καὶ σύμπασαν τὴν πόλιν τὸ σὸν μέρος; ἢ δοκεῖ σοι οἷόν τε ἔτι ἐκείνην τὴν πόλιν εἶναι καὶ μὴ ἀνατετράφθαι, ἐν ᾗ ἂν αἱ γενόμεναι δίκαι μηδὲν ἰσχύωσιν ἀλλὰ ὑπὸ ἰδιωτῶν ἄκυροί τε γίγνωνται καὶ διαφθείρωνται;" τί ἐροῦμεν, ὦ Κρίτων,

---

d 4 ἀλλήλων τὰ T : τὰ ἀλλήλων B    d 5 δὴ οὖν B : οὖν δὴ T
d 8 ἀντιδρῶντας T    b 3 ἂν T W : om. B    b 4 ἰσχύωσιν B T W
b 5 γίγνωνται ... διαφθείρωνται T : γίγνονται ... διαφθείρονται B W

πρὸς ταῦτα καὶ ἄλλα τοιαῦτα; πολλὰ γὰρ ἄν τις ἔχοι, ἄλλως τε καὶ ῥήτωρ, εἰπεῖν ὑπὲρ τούτου τοῦ νόμου ἀπολλυμένου ὃς τὰς δίκας τὰς δικασθείσας προστάττει κυρίας εἶναι. ἢ ἐροῦμεν πρὸς αὐτοὺς ὅτι " Ἠδίκει γὰρ ἡμᾶς ἡ πόλις καὶ οὐκ ὀρθῶς τὴν δίκην ἔκρινεν; " ταῦτα ἢ τί ἐροῦμεν;

ΚΡ. Ταῦτα νὴ Δία, ὦ Σώκρατες.

ΣΩ. Τί οὖν ἂν εἴπωσιν οἱ νόμοι· " Ὦ Σώκρατες, ἦ καὶ ταῦτα ὡμολόγητο ἡμῖν τε καὶ σοί, ἢ ἐμμενεῖν ταῖς δίκαις αἷς ἂν ἡ πόλις δικάζῃ;" εἰ οὖν αὐτῶν θαυμάζοιμεν λεγόντων, ἴσως ἂν εἴποιεν ὅτι " Ὦ Σώκρατες, μὴ θαύμαζε τὰ λεγόμενα ἀλλ' ἀποκρίνου, ἐπειδὴ καὶ εἴωθας χρῆσθαι τῷ ἐρωτᾶν τε καὶ ἀποκρίνεσθαι. φέρε γάρ, τί ἐγκαλῶν ἡμῖν καὶ τῇ πόλει ἐπιχειρεῖς ἡμᾶς ἀπολλύναι; οὐ πρῶτον μέν σε ἐγεννήσαμεν ἡμεῖς, καὶ δι' ἡμῶν ἔλαβε τὴν μητέρα σου ὁ πατὴρ καὶ ἐφύτευσέν σε; φράσον οὖν, τούτοις ἡμῶν, τοῖς νόμοις τοῖς περὶ τοὺς γάμους, μέμφῃ τι ὡς οὐ καλῶς ἔχουσιν;" "Οὐ μέμφομαι," φαίην ἄν. "Ἀλλὰ τοῖς περὶ τὴν τοῦ γενομένου τροφήν τε καὶ παιδείαν ἐν ᾗ καὶ σὺ ἐπαιδεύθης; ἢ οὐ καλῶς προσέταττον ἡμῶν οἱ ἐπὶ τούτῳ τεταγμένοι νόμοι, παραγγέλλοντες τῷ πατρὶ τῷ σῷ σε ἐν μουσικῇ καὶ γυμναστικῇ παιδεύειν;" "Καλῶς," φαίην ἄν. "Εἶεν. ἐπειδὴ δὲ ἐγένου τε καὶ ἐξετράφης καὶ ἐπαιδεύθης, ἔχοις ἂν εἰπεῖν πρῶτον μὲν ὡς οὐχὶ ἡμέτερος ἦσθα καὶ ἔκγονος καὶ δοῦλος, αὐτός τε καὶ οἱ σοὶ πρόγονοι; καὶ εἰ τοῦθ' οὕτως ἔχει, ἆρ' ἐξ ἴσου οἴει εἶναι σοὶ τὸ δίκαιον καὶ ἡμῖν, καὶ ἅττ' ἂν ἡμεῖς σε ἐπιχειρῶμεν ποιεῖν, καὶ σοὶ ταῦτα ἀντιποιεῖν οἴει δίκαιον εἶναι; ἢ πρὸς μὲν ἄρα σοι τὸν πατέρα οὐκ ἐξ ἴσου ἦν τὸ δίκαιον καὶ πρὸς δεσπότην, εἴ σοι ὢν ἐτύγχανεν, ὥστε ἅπερ πάσχοις ταῦτα καὶ ἀντιποιεῖν, οὔτε κακῶς ἀκού-

b 8 δίκας τὰς TWb : om. B    c 1 ἠδίκει] ἀδικεῖ Heindorf    c 5 ἐμμενεῖν Stephanus : ἐμμένειν B : ἐμμενειν T    d 2 ἔλαβε TW : ἐλάμβανεν B    d 4 τοῖς νόμοις secl. Stallbaum    d 7 ἐπὶ τούτῳ T ex ἐπὶ τοῦτο : ἐπὶ τούτοις B    d 8 νόμοι secl. Stallbaum    e 1 καὶ B : καὶ ἐν T    e 8 δεσπότην W : τὸν δεσπότην BT (sed τὸν punctis notatum in T)

ΚΡΙΤΩΝ

οντα ἀντιλέγειν οὔτε τυπτόμενον ἀντιτύπτειν οὔτε ἄλλα τοιαῦτα πολλά· πρὸς δὲ τὴν πατρίδα ἄρα καὶ τοὺς νόμους ἐξέσται σοι, ὥστε, ἐάν σε ἐπιχειρῶμεν ἡμεῖς ἀπολλύναι δίκαιον ἡγούμενοι εἶναι, καὶ σὺ δὲ ἡμᾶς τοὺς νόμους καὶ τὴν πατρίδα καθ' ὅσον δύνασαι ἐπιχειρήσεις ἀνταπολλύναι, καὶ φήσεις ταῦτα ποιῶν δίκαια πράττειν, ὁ τῇ ἀληθείᾳ τῆς ἀρετῆς ἐπιμελόμενος; ἢ οὕτως εἶ σοφὸς ὥστε λέληθέν σε ὅτι μητρός τε καὶ πατρὸς καὶ τῶν ἄλλων προγόνων ἁπάντων τιμιώτερόν ἐστιν πατρὶς καὶ σεμνότερον καὶ ἁγιώτερον καὶ ἐν μείζονι μοίρᾳ καὶ παρὰ θεοῖς καὶ παρ' ἀνθρώποις τοῖς νοῦν ἔχουσι, καὶ σέβεσθαι δεῖ καὶ μᾶλλον ὑπείκειν καὶ θωπεύειν πατρίδα χαλεπαίνουσαν ἢ πατέρα, καὶ ἢ πείθειν ἢ ποιεῖν ἃ ἂν κελεύῃ, καὶ πάσχειν ἐάν τι προστάττῃ παθεῖν ἡσυχίαν ἄγοντα, ἐάντε τύπτεσθαι ἐάντε δεῖσθαι, ἐάντε εἰς πόλεμον ἄγῃ τρωθησόμενον ἢ ἀποθανούμενον, ποιητέον ταῦτα, καὶ τὸ δίκαιον οὕτως ἔχει, καὶ οὐχὶ ὑπεικτέον οὐδὲ ἀναχωρητέον οὐδὲ λειπτέον τὴν τάξιν, ἀλλὰ καὶ ἐν πολέμῳ καὶ ἐν δικαστηρίῳ καὶ πανταχοῦ ποιητέον ἃ ἂν κελεύῃ ἡ πόλις καὶ ἡ πατρίς, ἢ πείθειν αὐτὴν ᾗ τὸ δίκαιον πέφυκε· βιάζεσθαι δὲ οὐχ ὅσιον οὔτε μητέρα οὔτε πατέρα, πολὺ δὲ τούτων ἔτι ἧττον τὴν πατρίδα;" τί φήσομεν πρὸς ταῦτα, ὦ Κρίτων; ἀληθῆ λέγειν τοὺς νόμους ἢ οὔ;

ΚΡ. Ἔμοιγε δοκεῖ.

ΣΩ. "Σκόπει τοίνυν, ὦ Σώκρατες," φαῖεν ἂν ἴσως οἱ νόμοι, "εἰ ἡμεῖς ταῦτα ἀληθῆ λέγομεν, ὅτι οὐ δίκαια ἡμᾶς ἐπιχειρεῖς δρᾶν ἃ νῦν ἐπιχειρεῖς. ἡμεῖς γάρ σε γεννήσαντες, ἐκθρέψαντες, παιδεύσαντες, μεταδόντες ἁπάντων ὧν οἷοί τ' ἦμεν καλῶν σοί καὶ τοῖς ἄλλοις πᾶσιν πολίταις, ὅμως προαγορεύομεν τῷ ἐξουσίαν πεποιηκέναι Ἀθηναίων τῷ βουλομένῳ,

---

a 3 ἐξέσται] ἔσται Schanz  a 4 δὲ] γε al. Schanz  a 9 ἐστι T : ἐστιν ἢ B : om. Stobaeus  b 3 πατέρα] πατέρα καὶ μητέρα Stobaeus  ἢ πείθειν secl. Schanz  b 4 ἃ] ᾗ Stobaeus  b 6 ποιητέα W Stobaeus  b 9 ὃ ἂν vel ᾗ ἂν Stobaeus  c 1 καὶ B : τε καὶ T  ἢ καὶ πείθειν Stobaeus  ᾗ τὸ om. Stobaeus

ΠΛΑΤΩΝΟΣ

ἐπειδὰν δοκιμασθῇ καὶ ἴδῃ τὰ ἐν τῇ πόλει πράγματα καὶ ἡμᾶς τοὺς νόμους, ᾧ ἂν μὴ ἀρέσκωμεν ἡμεῖς, ἐξεῖναι λαβόντα τὰ αὑτοῦ ἀπιέναι ὅποι ἂν βούληται. καὶ οὐδεὶς ἡμῶν τῶν νόμων ἐμποδών ἐστιν οὐδ' ἀπαγορεύει, ἐάντε τις βούληται ὑμῶν εἰς ἀποικίαν ἰέναι, εἰ μὴ ἀρέσκοιμεν ἡμεῖς τε καὶ ἡ πόλις, ἐάντε μετοικεῖν ἄλλοσέ ποι ἐλθών, ἰέναι ἐκεῖσε ὅποι ἂν βούληται, ἔχοντα τὰ αὑτοῦ. ὃς δ' ἂν ὑμῶν παραμείνῃ, ὁρῶν ὃν τρόπον ἡμεῖς τάς τε δίκας δικάζομεν καὶ τἆλλα τὴν πόλιν διοικοῦμεν, ἤδη φαμὲν τοῦτον ὡμολογηκέναι ἔργῳ ἡμῖν ἃ ἂν ἡμεῖς κελεύωμεν ποιήσειν ταῦτα, καὶ τὸν μὴ πειθόμενον τριχῇ φαμεν ἀδικεῖν, ὅτι τε γεννηταῖς οὖσιν ἡμῖν οὐ πείθεται, καὶ ὅτι τροφεῦσι, καὶ ὅτι ὁμολογήσας ἡμῖν πείσεσθαι οὔτε πείθεται οὔτε πείθει ἡμᾶς, εἰ μὴ καλῶς τι ποιοῦμεν, προτιθέντων ἡμῶν καὶ οὐκ ἀγρίως ἐπιταττόντων ποιεῖν ἃ ἂν κελεύωμεν, ἀλλὰ ἐφιέντων δυοῖν θάτερα, ἢ πείθειν ἡμᾶς ἢ ποιεῖν, τούτων οὐδέτερα ποιεῖ. ταύταις δή φαμεν καὶ σέ, ὦ Σώκρατες, ταῖς αἰτίαις ἐνέξεσθαι, εἴπερ ποιήσεις ἃ ἐπινοεῖς, καὶ οὐχ ἥκιστα Ἀθηναίων σέ, ἀλλ' ἐν τοῖς μάλιστα." εἰ οὖν ἐγὼ εἴποιμι· "Διὰ τί δή;" ἴσως ἄν μου δικαίως καθάπτοιντο λέγοντες ὅτι ἐν τοῖς μάλιστα Ἀθηναίων ἐγὼ αὐτοῖς ὡμολογηκὼς τυγχάνω ταύτην τὴν ὁμολογίαν. φαῖεν γὰρ ἂν ὅτι "Ὦ Σώκρατες, μεγάλα ἡμῖν τούτων τεκμήριά ἐστιν, ὅτι σοι καὶ ἡμεῖς ἠρέσκομεν καὶ ἡ πόλις· οὐ γὰρ ἄν ποτε τῶν ἄλλων Ἀθηναίων ἁπάντων διαφερόντως ἐν αὐτῇ ἐπεδήμεις εἰ μή σοι διαφερόντως ἤρεσκεν, καὶ οὔτ' ἐπὶ θεωρίαν πώποτ' ἐκ τῆς πόλεως ἐξῆλθες, ὅτι μὴ ἅπαξ εἰς Ἰσθμόν, οὔτε ἄλλοσε οὐδαμόσε, εἰ μή ποι στρατευσόμενος, οὔτε ἄλλην ἀποδημίαν ἐποιήσω πώποτε ὥσπερ οἱ ἄλλοι ἄνθρωποι, οὐδ' ἐπιθυμία σε ἄλλης πόλεως οὐδὲ ἄλλων νόμων ἔλαβεν εἰδέναι, ἀλλὰ ἡμεῖς

d 5, 6 καὶ ... βούληται B² T W : om. B    d 8 ποι B² T W : om. B
e 6 ὁμολογήσας] ὀμόσας M. Schmidt    ἡμῖν πείσεσθαι W : ἡμῖν πείθεσθαι
B : ἢ μὴν πείθεσθαι T b : ἢ μὴν πείσεσθαι Buttmann    a 3 ὦ om. B
b 3 εἰ μὴ ... ἤρεσκεν secl. Cobet    b 5 ὅτι μὴ ... Ἰσθμόν add. T
et in marg. w: om. B W sed legit Athenaeus    b 6 ἐποιήσω
ἀποδημίαν T    b 7 ἄλλοι B : om. T

σοι ἱκανοὶ ἦμεν καὶ ἡ ἡμετέρα πόλις· οὕτω σφόδρα ἡμᾶς ᾑροῦ καὶ ὡμολόγεις καθ' ἡμᾶς πολιτεύσεσθαι, τά τε ἄλλα καὶ παῖδας ἐν αὐτῇ ἐποιήσω, ὡς ἀρεσκούσης σοι τῆς πόλεως. ἔτι τοίνυν ἐν αὐτῇ τῇ δίκῃ ἐξῆν σοι φυγῆς τιμήσασθαι εἰ ἐβούλου, καὶ ὅπερ νῦν ἀκούσης τῆς πόλεως ἐπιχειρεῖς, τότε ἑκούσης ποιῆσαι. σὺ δὲ τότε μὲν ἐκαλλωπίζου ὡς οὐκ ἀγανακτῶν εἰ δέοι τεθνάναι σε, ἀλλὰ ᾑροῦ, ὡς ἔφησθα, πρὸ τῆς φυγῆς θάνατον· νῦν δὲ οὔτ' ἐκείνους τοὺς λόγους αἰσχύνῃ, οὔτε ἡμῶν τῶν νόμων ἐντρέπῃ, ἐπιχειρῶν διαφθεῖραι, πράττεις τε ἅπερ ἂν δοῦλος ὁ φαυλότατος πράξειεν, ἀποδιδράσκειν ἐπιχειρῶν παρὰ τὰς συνθήκας τε καὶ τὰς ὁμολογίας καθ' ἃς ἡμῖν συνέθου πολιτεύεσθαι. πρῶτον μὲν οὖν ἡμῖν τοῦτ' αὐτὸ ἀπόκριναι, εἰ ἀληθῆ λέγομεν φάσκοντές σε ὡμολογηκέναι πολιτεύσεσθαι καθ' ἡμᾶς ἔργῳ ἀλλ' οὐ λόγῳ, ἢ οὐκ ἀληθῆ." τί φῶμεν πρὸς ταῦτα, ὦ Κρίτων; ἄλλο τι ἢ ὁμολογῶμεν;

ΚΡ. Ἀνάγκη, ὦ Σώκρατες.

ΣΩ. "Ἄλλο τι οὖν," ἂν φαῖεν, "ἢ συνθήκας τὰς πρὸς ἡμᾶς αὐτοὺς καὶ ὁμολογίας παραβαίνεις, οὐχ ὑπὸ ἀνάγκης ὁμολογήσας οὐδὲ ἀπατηθεὶς οὐδὲ ἐν ὀλίγῳ χρόνῳ ἀναγκασθεὶς βουλεύσασθαι, ἀλλ' ἐν ἔτεσιν ἑβδομήκοντα, ἐν οἷς ἐξῆν σοι ἀπιέναι, εἰ μὴ ἠρέσκομεν ἡμεῖς μηδὲ δίκαιαι ἐφαίνοντό σοι αἱ ὁμολογίαι εἶναι. σὺ δὲ οὔτε Λακεδαίμονα προῃροῦ οὔτε Κρήτην, ἃς δὴ ἑκάστοτε φῂς εὐνομεῖσθαι, οὔτε ἄλλην οὐδεμίαν τῶν Ἑλληνίδων πόλεων οὐδὲ τῶν βαρβαρικῶν, ἀλλὰ ἐλάττω ἐξ αὐτῆς ἀπεδήμησας ἢ οἱ χωλοί τε καὶ τυφλοὶ καὶ οἱ ἄλλοι ἀνάπηροι· οὕτω σοι διαφερόντως τῶν ἄλλων Ἀθηναίων ἤρεσκεν ἡ πόλις τε καὶ ἡμεῖς οἱ νόμοι δῆλον ὅτι· τίνι γὰρ ἂν πόλις ἀρέσκοι ἄνευ νόμων; νῦν δὲ δὴ οὐκ ἐμμενεῖς τοῖς ὡμολογημένοις; ἐὰν ἡμῖν γε πείθῃ, ὦ Σώκρατες· καὶ οὐ καταγέλαστός γε ἔσῃ ἐκ τῆς πόλεως ἐξελθών.

c 2 πολιτεύσεσθαι B : πολιτεύεσθαι T W   d 1 δ T Eusebius : om. B
d 3 μὲν B : om. T Eusebius   d 5 πολιτεύσεσθαι T : πολιτεύεσθαι B
e 5 δὲ B : τε T   a 1 οὔτε τῶν βαρβαρικῶν T   a 7 γε T : τε B
(sed ex emend.) W

ΠΛΑΤΩΝΟΣ

"Σκόπει γὰρ δή, ταῦτα παραβὰς καὶ ἐξαμαρτάνων τι τούτων τί ἀγαθὸν ἐργάσῃ σαυτὸν ἢ τοὺς ἐπιτηδείους τοὺς σαυτοῦ. ὅτι μὲν γὰρ κινδυνεύσουσί γέ σου οἱ ἐπιτήδειοι καὶ αὐτοὶ φεύγειν καὶ στερηθῆναι τῆς πόλεως ἢ τὴν οὐσίαν ἀπολέσαι, σχεδόν τι δῆλον· αὐτὸς δὲ πρῶτον μὲν ἐὰν εἰς τῶν ἐγγύτατά τινα πόλεων ἔλθῃς, ἢ Θήβαζε ἢ Μέγαράδε— εὐνομοῦνται γὰρ ἀμφότεραι—πολέμιος ἥξεις, ὦ Σώκρατες, τῇ τούτων πολιτείᾳ, καὶ ὅσοιπερ κήδονται τῶν αὐτῶν πόλεων ὑποβλέψονταί σε διαφθορέα ἡγούμενοι τῶν νόμων, καὶ βεβαιώσεις τοῖς δικασταῖς τὴν δόξαν, ὥστε δοκεῖν ὀρθῶς τὴν δίκην δικάσαι· ὅστις γὰρ νόμων διαφθορεύς ἐστιν σφόδρα που δόξειεν ἂν νέων γε καὶ ἀνοήτων ἀνθρώπων διαφθορεὺς εἶναι. πότερον οὖν φεύξῃ τάς τε εὐνομουμένας πόλεις καὶ τῶν ἀνδρῶν τοὺς κοσμιωτάτους; καὶ τοῦτο ποιοῦντι ἆρα ἄξιόν σοι ζῆν ἔσται; ἢ πλησιάσεις τούτοις καὶ ἀναισχυντήσεις διαλεγόμενος—τίνας λόγους, ὦ Σώκρατες; ἢ οὕσπερ ἐνθάδε, ὡς ἡ ἀρετὴ καὶ ἡ δικαιοσύνη πλείστου ἄξιον τοῖς ἀνθρώποις καὶ τὰ νόμιμα καὶ οἱ νόμοι; καὶ οὐκ οἴει ἄσχημον [ἂν] φανεῖσθαι τὸ τοῦ Σωκράτους πρᾶγμα; οἴεσθαί γε χρή. ἀλλ' ἐκ μὲν τούτων τῶν τόπων ἀπαρεῖς, ἥξεις δὲ εἰς Θετταλίαν παρὰ τοὺς ξένους τοὺς Κρίτωνος; ἐκεῖ γὰρ δὴ πλείστη ἀταξία καὶ ἀκολασία, καὶ ἴσως ἂν ἡδέως σου ἀκούοιεν ὡς γελοίως ἐκ τοῦ δεσμωτηρίου ἀπεδίδρασκες σκευήν τέ τινα περιθέμενος, ἢ διφθέραν λαβὼν ἢ ἄλλα οἷα δὴ εἰώθασιν ἐνσκευάζεσθαι οἱ ἀποδιδράσκοντες, καὶ τὸ σχῆμα τὸ σαυτοῦ μεταλλάξας· ὅτι δὲ γέρων ἀνήρ, σμικροῦ χρόνου τῷ βίῳ λοιποῦ ὄντος ὡς τὸ εἰκός, ἐτόλμησας οὕτω γλίσχρως ἐπιθυμεῖν ζῆν, νόμους τοὺς μεγίστους παραβάς, οὐδεὶς ὃς ἐρεῖ; ἴσως, ἂν μή τινα λυπῇς· εἰ δὲ μή, ἀκούσῃ, ὦ Σώκρατες, πολλὰ καὶ ἀνάξια σαυτοῦ.

a 8 ἐξαμαρτῶν T    c 5 ἐστι σοι ζῆν T    c 8 ἂν B: om. T Eusebius    d 2 τόπων B Eusebius: πόλεων T    d 3 τοὺς Κρίτωνος B Eusebius: τοῦ Κρίτωνος T    d 7 μεταλλάξας T Eusebius: καταλλάξας B    e 1 οὕτω γλίσχρως T W (in marg.) Eusebius: οὕτως αἰσχρῶς B W: γρ. οὕτω γ' αἰσχρῶς in marg. t

ΚΡΙΤΩΝ 53 e

ὑπερχόμενος δὴ βιώσῃ πάντας ἀνθρώπους καὶ δουλεύων—
τί ποιῶν ἢ εὐωχούμενος ἐν Θετταλίᾳ, ὥσπερ ἐπὶ δεῖπνον
ἀποδεδημηκὼς εἰς Θετταλίαν; λόγοι δὲ ἐκεῖνοι οἱ περὶ
δικαιοσύνης τε καὶ τῆς ἄλλης ἀρετῆς ποῦ ἡμῖν ἔσονται; ἀλλὰ
δὴ τῶν παίδων ἕνεκα βούλει ζῆν, ἵνα αὐτοὺς ἐκθρέψῃς καὶ
παιδεύσῃς; τί δέ; εἰς Θετταλίαν αὐτοὺς ἀγαγὼν θρέψεις τε
καὶ παιδεύσεις, ξένους ποιήσας, ἵνα καὶ τοῦτο ἀπολαύσωσιν;
ἢ τοῦτο μὲν οὔ, αὐτοῦ δὲ τρεφόμενοι σοῦ ζῶντος βέλτιον
θρέψονται καὶ παιδεύσονται μὴ συνόντος σοῦ αὐτοῖς; οἱ γὰρ
ἐπιτήδειοι οἱ σοὶ ἐπιμελήσονται αὐτῶν. πότερον ἐὰν μὲν εἰς
Θετταλίαν ἀποδημήσῃς, ἐπιμελήσονται, ἐὰν δὲ εἰς Ἅιδου
ἀποδημήσῃς, οὐχὶ ἐπιμελήσονται; εἴπερ γέ τι ὄφελος αὐτῶν
ἐστιν τῶν σοι φασκόντων ἐπιτηδείων εἶναι, οἴεσθαί γε χρή.
" Ἀλλ', ὦ Σώκρατες, πειθόμενος ἡμῖν τοῖς σοῖς τροφεῦσι
μήτε παῖδας περὶ πλείονος ποιοῦ μήτε τὸ ζῆν μήτε ἄλλο
μηδὲν πρὸ τοῦ δικαίου, ἵνα εἰς Ἅιδου ἐλθὼν ἔχῃς πάντα
ταῦτα ἀπολογήσασθαι τοῖς ἐκεῖ ἄρχουσιν· οὔτε γὰρ ἐνθάδε
σοι φαίνεται ταῦτα πράττοντι ἄμεινον εἶναι οὐδὲ δικαιότερον
οὐδὲ ὁσιώτερον, οὐδὲ ἄλλῳ τῶν σῶν οὐδενί, οὔτε ἐκεῖσε
ἀφικομένῳ ἄμεινον ἔσται. ἀλλὰ νῦν μὲν ἠδικημένος ἄπει,
ἐὰν ἀπίῃς, οὐχ ὑφ' ἡμῶν τῶν νόμων ἀλλὰ ὑπ' ἀνθρώπων·
ἐὰν δὲ ἐξέλθῃς οὕτως αἰσχρῶς ἀνταδικήσας τε καὶ ἀντικα-
κουργήσας, τὰς σαυτοῦ ὁμολογίας τε καὶ συνθήκας τὰς πρὸς
ἡμᾶς παραβὰς καὶ κακὰ ἐργασάμενος τούτους οὓς ἥκιστα
ἔδει, σαυτόν τε καὶ φίλους καὶ πατρίδα καὶ ἡμᾶς, ἡμεῖς τέ
σοι χαλεπανοῦμεν ζῶντι, καὶ ἐκεῖ οἱ ἡμέτεροι ἀδελφοὶ οἱ ἐν
Ἅιδου νόμοι οὐκ εὐμενῶς σε ὑποδέξονται, εἰδότες ὅτι καὶ
ἡμᾶς ἐπεχείρησας ἀπολέσαι τὸ σὸν μέρος. ἀλλὰ μή σε
πείσῃ Κρίτων ποιεῖν ἃ λέγει μᾶλλον ἢ ἡμεῖς."
Ταῦτα, ὦ φίλε ἑταῖρε Κρίτων, εὖ ἴσθι ὅτι ἐγὼ δοκῶ

e 4 ὑπερχόμενος B Eusebius : ὑπεχόμενος T  πάντας ἀνθρώπους
βιώσει T   a 4 τοῦτο B T : τοῦτό σου W   a 7 ἐὰν μὲν T :
ἐὰν B  b 4 πρὸ secl. Cobet   ταῦτα πάντα T Eusebius  b 7 οὐδὲ
ὁσιώτερον T Eusebius : οὔτε ὁσιώτερον B

ΠΛΑΤΩΝΟΣ ΚΡΙΤΩΝ

ἀκούειν, ὥσπερ οἱ κορυβαντιῶντες τῶν αὐλῶν δοκοῦσιν ἀκούειν, καὶ ἐν ἐμοὶ αὕτη ἡ ἠχὴ τούτων τῶν λόγων βομβεῖ καὶ ποιεῖ μὴ δύνασθαι τῶν ἄλλων ἀκούειν· ἀλλὰ ἴσθι, ὅσα γε τὰ νῦν ἐμοὶ δοκοῦντα, ἐὰν λέγῃς παρὰ ταῦτα, μάτην ἐρεῖς. ὅμως μέντοι εἴ τι οἴει πλέον ποιήσειν, λέγε.

ΚΡ. Ἀλλ', ὦ Σώκρατες, οὐκ ἔχω λέγειν.

ΣΩ. Ἔα τοίνυν, ὦ Κρίτων, καὶ πράττωμεν ταύτῃ, ἐπειδὴ ταύτῃ ὁ θεὸς ὑφηγεῖται.

d 5 ἐὰν B T : ἐάν τι W t : ὡς ἐὰν B² (ὡς s. v.)

## Commentary

43a1 τηνικάδε: "at this time."
ἀφῖξαι: second sing. perf. of ἀφικνέομαι.
οὐ: like οὐκοῦν, introduces a question expecting an affirmative answer.
a2 πάνυ μὲν οὖν: a strong "yes."
a3 πηνίκα μάλιστα: "about what time?"
a4 ὄρθρος βαθύς: literally "deep pre-dawn," i.e., "just before daybreak."
a5 σοι ... ὑπακοῦσαι: "to listen to you," i.e., "to let you in."
a7 διὰ ... φοιτᾶν: τό belongs to φοιτᾶν. Articular infinitives are especially favored in prep. phrases.
a8 καί τι καί: "and in some way also"; τι is adverbial.
εὐεργέτηται: unreduplicated perf. of εὐεργετέω, here probably "bribe" (see *Symposium* 184b2).
b1 εἶτα πῶς: "in that case how is it that," expressing surprise.
ἐπήγειρας: aor. of ἐπεγείρω, "arouse, awaken."
b3 οὐ μὰ τὸν Δία: "no, by Zeus (I refused to awaken you)." Greeks swore in the acc., often along with the untranslatable particles μά or νή.
οὐδ(έ): elision of final short vowel.
οὐδ' ἂν αὐτὸς ἤθελον: potential indicative. It expresses what one would have been likely to do. In form it is the apodosis (main clause) of a contrafactual condition.
b4 ἀγρυπνίᾳ: "sleeplessness."
σοῦ: gen. of cause with θαυμάζω ("marvel at"), used especially with verbs of emotion.
b5 ὡς: In introducing ind. disc. ὡς can = "that" or, as here, "how."
b6 οὐκ ἤγειρον: A negated impf. is stronger than a negated aor., since it implies a continued failure or refusal to act — hence, "could not" or "would not."
διάγῃς: "you might pass the time." One would usually find an opt. here, but the subj. gives added vividness when substituting for an opt.
πολλάκις ... πρότερον: "often indeed, on the one hand, previously as well (as in the present case)," i.e., "often previously."

- b7 τοῦ τρόπου: gen. of cause, "because of your way, habit, manner."
- b8 παρεστώσῃ: perf. pple. of παρίστημι. In this tense="be present."
- b10 καὶ γάρ: "(that's) because in fact (καί)."
  πλημμελές: "inharmonious," hence "inappropriate."
- b11 τηλικοῦτον ὄντα: modifies the understood subject of ἀγανακτεῖν (με or τινα); Socrates was seventy at his death.
- c2 οὐδέν: adv., "not at all."
  ἡ ἡλικία: The article has possessive force, "their age."
- c3 τὸ ... τύχῃ: μή and οὐχί (strengthened form of οὐ) are idiomatic and untranslatable. A verb of hindering or preventing (ἐπιλύεται, "set free from," is here felt as equivalent to "prevent from") governs an inf. commonly accompanied by the article and an untranslatable μή. If the main verb is itself negated (here by οὐδέν), the inf. will tend to add its own (untranslatable) οὐ to the μή. The dative is common with verbs of hostility.
- c4 ἔστι ταῦτα: ἔστι often="is true, is so." The pl. ταῦτα is more common than the sing. in referring to a previous statement, contrary to English usage.
- c6 καὶ χαλεπὴν καί: "both . . . and."
- c7 ὡς ἐμοὶ δοκῶ: "as I seem to myself," i.e., "as I think."
  ἐν τοῖς βαρύτατ(α): "among those who (would bear it) the most heavily."
- c8 ἐνέγκαιμι: first aor. opt. of φέρω.
- c9 τίνα ταύτην: Instead of saying τίς ἐστιν αὕτη, Socrates uses the grammatical construction of Crito's prior statement.
- c9 τὸ πλοῖον: the sacred ship (see Volume Preface).
  οὗ ἀφικομένου: gen. abs.
- d1 τεθνάναι: second perf. of (ἀπο)θνῄσκω.
- d2 δοκεῖν μέν μοι: an absolute (parenthetical) use of the inf., "as it seems to me." Perhaps the text should read δοκεῖ ... ἥξειν, as some manuscripts have it.
- d3 ἐξ ὧν: "from (the things) which," "from what." Condensed from ἐκ τούτων ἅ, the dem. being omitted and the rel. being attracted to the case of the dem., its now unexpressed antecedent. The rel. clause depends loosely on δοκεῖν μοι.
  Σουνίου: Cape Sounion, at the southern tip of Attica, was a natural lookout spot.
- d4 [τῶν ἀγγέλων]: Square brackets are the editor's indication that he regards the enclosed material, present in one or

- d5 καὶ ἀνάγκη: καί here carries a weakly inferential sense— "and (therefore)." ἀνάγκη is Greek's strongest word expressing necessity. Unlike χρή, δεῖ, and the verbal adj.'s in -τέος, which usually suggest the possibility of a choice to be made on utilitarian or moral considerations, ἀνάγκη normally implies inevitability.

  εἰς αὔριον: "tomorrow."
- d7 ἀλλ(ά): "well, ... "

  τύχῃ ἀγαθῇ: a dat. of manner used parenthetically—"with good fortune," i.e., "may things turn out for the best."

  ταύτῃ: adv., "in this way, thus, so."
- d8 ἔστω: third sing. imper.
- 44a1 τεκμαίρῃ: second sing. midd. ind.
- a2 ἐρῶ: "I will tell, say." Not related to ἔρομαι, "ask."
- a2–3 τῇ ... ὑστεραίᾳ ... ἢ ᾗ: "on the day after (lit., later than) (the day) on which."

  που: "presumably, I suppose."
- a4 φασί: "they say (so)." Accented because emphatic.

  γέ τοι δή: "certainly ... at any rate." Like γέ alone, but stronger.
- a5–6 Since it is now just before dawn, ἐπιούσης must = "coming," i.e., "later today." τῆς ἑτέρας then = "the next day," i.e., "tomorrow." The temporal gen.'s are used with precision to mean "at some point during."
- a6 ἑώρακα: perf. of ὁράω. Greeks reported seeing dreams; we report having them.
- a7 κινδυνεύεις: lit., "run a risk," but with a dependent inf. it usually may be translated as "probably" and the inf. is then translated as if it were the main verb. "You probably let me sleep at a crucial time."
- b1 ἔχουσα: "wearing."
- b2 ἤματί ... ἵκοιο: a quotation (with change from first person to second) from *Iliad* 9.363, where Achilles threatens to leave the war and return home to Phthia. In the Homeric dialect, ἡμέρᾳ is ἤματι, ἄν is κέν, Φθίαν is Φθίην. "On the third day, you would reach fertile Phthia." The immediate appositeness of the line may rest on a pun, if Φθίην suggests the verb φθίω (Homeric variant for φθίνω), "die." As for τριτάτῳ, the Greeks often counted inclusively—their "third day" would be our "day after tomorrow."
- b4 μὲν οὖν: here, "on the contrary."

b5 γε: intensive and untranslatable here rather than limiting (as in a4).
ἀλλ(ά): frequent with commands, sharply focuses the listener's attention: "But come!..."
δαιμόνιε: a common vocative which conveys a tone of perplexity and disapproval, gentle if between friends—"strange one." So too θαυμάσιε (below, 48b3). Rather similar is μακάριε (44c6, 48e2), lit., "blessedly happy," but usually ironical, "simple, naive."

b6 πιθοῦ, σώθητι: midd. and pass. aor. imper.'s of πείθω, σῴζω.
ὡς: "since" (causal). A sentence is often begun with causal conj.'s (cf. γάρ, ἐπεί), which govern the entire sentence.

b7 χωρίς: "apart from."
ἐστερῆσθαι: perf. pass. inf. of στερέω, "deprive of," + gen.

b8 οὐδένα μή: οὐ μή with the fut. ind. (as here) or aor. subj. can express either a strongly negative statement about the fut. or a strong prohibition. From the point of view of Eng., οὐδένα instead of simple οὐ is superfluous, given οἷον, "(of such a sort) as I will never find."

b9 ἔτι: "futhermore." δέ here is not a conj., but balances μέν in b7; do not translate.
δόξω: governs ἀμελῆσαι in c2.
μή: not οὐ because the clause is of the general or conditional type—"(all those) who." The clause resembles the protasis of a fut. more vivid condition, and protases always take μή, not οὐ.

c1 ὡς οἷός τ' ὤν: "as one (as they see it, ὡς) being able..."
c2 δόξα ἢ δοκεῖν: δόξα has two related meanings—"reputation" (how you seem to others) and "opinion" (how something or someone seems to you), really two sides of the same coin.

c3 περὶ πλείονος ποιεῖσθαι: περὶ πολλοῦ ποιεῖσθαι="to consider important"; π. πλείονος π.="to consider more important"; π. πλείστου π.="to consider very or most important."

c4 οἱ πολλοί: "the majority of people, most people," generally derogatory, as always the Eng. transliteration, *hoi polloi*.

c5 ἡμῶν προθυμουμένων: gen. abs. with concessive force— "even though we were eager (for you to do so)."

c6-7 τί ... μέλει: "why is there such great concern for us over ... ," i.e., "why are we so concerned over." Gen. with verbs of concern, as φροντίζειν in c8.

c7 ἐπιεικέστατοι: "best" (here intellectually).
d1 ὁρᾷς δή: "surely you see."
d2 αὐτά ... νυνί: αὐτά belongs with τὰ παρόντα νυνί, but is brought forward for emphasis.
δῆλά (ἐστι): "are clear to the effect that," "make it clear."
νυνί: "at this very moment." This "deictic" iota, which always receives the accent, intensifies dem. words.
d4 διαβεβλημένος ᾖ: perf. pass. subj. of διαβάλλω, "slander."
d6 εἰ γὰρ ... εἶναι: ὤφελον (with or without εἰ γάρ) followed by an inf. expresses an impossible wish—i.e., a wish concerning the past or present which is known to be unfulfilled. "I wish they *were* able." ὤφελον is second aor. of ὀφείλω, "owe."
d7 ἵνα οἷοί τ' ἦσαν: A past ind. is used in a purpose clause when the purpose (here like the wish upon which it depends) is unrealized or unrealizable—"so that they might be able."
d8 καλῶς ἂν εἶχεν: When modified by an adv., ἔχω should be translated by a form of the verb "to be."
νῦν δέ: "but as things are," a regular transition from an hypothesis to reality.
d8-10 οὔτε ... τύχωσι: Probably φρόνιμον and ἄφρονα are neuter (even though of different number), and ποιῆσαι and ποιοῦσι = "accomplish." Alternatively, the adj.'s are masc. sing. and the verb = "make" (supply "a person" as object). Understand ποιοῦντες with τύχωσι.
d10 ὅτι: In texts of Plato, ὅ τι is conventionally written as one word.
e1 ταῦτα, τάδε: In combination οὗτος looks backward, while ὅδε looks ahead.
e2 ἆρά γε μή: ἆρα (distinguish from ἀρα, which is postpositive) is an untranslatable sign of a question. μή shows that a negative answer is hoped for (i.e., the question expresses apprehension)—"surely you're not concerned, are you, ... lest."
e3 συκοφάνται: "informers," individuals who habitually brought prosecutions against other citizens from ulterior, self-aggrandizing motives.
e4 πράγματα παρέχωσιν: an idiom meaning "make trouble for."
ἐκκλέψασιν: dat. pple.; ὡς must then modify it, as at c1 above.
e6 πρός: "in addition to."

45a1 ἔασον αὐτὸ χαίρειν: an idiom meaning "dismiss it (from your mind)." χαίρειν is sometimes omitted. ἔασον is first aor. imper. of ἐάω.
δίκαιοί ἐσμεν: "we are right," i.e., "it is right for us."
a2 ἐὰν δέῃ: parenthetical.
a3 μείζω: μείζονα (κίνδυνον).
a6 μήτε: ought not to occur alone but only coupled to another μήτε. Because of the long explanation of μήτε ταῦτα φοβοῦ, Crito will repeat this first μήτε after the resumptive ὅπερ λέγω at b6. The second μήτε then follows at b7.
a7 καὶ γάρ: "for in fact."
τἀργύριον: crasis for τὸ ἀργύριον.
ὅ: object of λαβόντες.
a8 ἔπειτα: "furthermore."
τούτους: οὗτος is sometimes pejorative (as ἐκεῖνος can be exalting). Render with a sneering "those."
a9 ὡς εὐτελεῖς: "how cheap, easily bought off (they are)." The construction, "see x, how y it is," is called prolepsis and is a feature of archaic Eng. style as well.
πολλοῦ ἀργυρίου: gen. with δεῖ—"there is need of."
b1 ὑπάρχει: "is available."
b2 οὐκ οἴει δεῖν: "If you don't think I must" is the Greek way of saying "if you think I must not."
b3 τἀμά: crasis for τὰ ἐμά.
ξένοι οὗτοι ἐνθάδε: ξένοι οὗτοι cannot = "these ξένοι," because there is no article. Rather, οὗτοι means practically the same as ἐνθάδε ("here, in town," though not actually in the prison). With ἀναλίσκειν understand "their own money."
καί: "actually."
b4 ἐπ': "for," governing αὐτὸ τοῦτο.
Σιμμίας, Κέβης: central characters in Plato's *Phaedo*.
b6 ἀποκάμῃς: second aor. subj. of ἀποκάμνω ("grow weary of, cease to") in prohibition.
b7 ὅ ... δικαστηρίῳ: ὅ = "what" (antecedent unexpressed). Reference to *Apology* 37c–d, where Socrates rejects the idea of exile, since he would receive at least as bad treatment abroad as he has among his fellow Athenians.
b8 γενέσθω: aor. imper.
ἔχοις: "know."
ὅτι χρῷο σαυτῷ: "what to do with yourself, what use to put yourself to." ὅτι is an inner acc. object. This expresses in pro-

noun or noun form the action of the verb itself; a direct object indicates something already existing that is affected by the action. The direct form of this indirect question would have been τί χρῶμαι ἐμαυτῷ; where χρῶμαι is a deliberative subj. (translate with "shall"). As the passage stands, the subj. has been attracted to the opt. on which it depends.

c1 πολλαχοῦ ... ἄλλοσε: "in many other places" (other than in Thessaly, about to be singled out in c2 by the answering δέ).

ὅποι: "wherever"; used instead of ὅπου because ἀφίκῃ implies motion towards.

c4 μηδένα: subject of inf.

τῶν κατὰ Θετταλίαν: partitive gen. depending on μηδένα. κατά loosely = "in," but with a nuance of "anywhere in, up and down."

c6 ἐξὸν σωθῆναι: "it being possible (for you) to be saved." ἐξόν is the neuter acc. pple. of ἔξεστι, used in an acc. abs. construction. This is like the gen. abs. except that (1) it is almost always reserved, as here, for impersonal verbs, and (2) it generally carries a concessive ("although") force.

c8 σὲ διαφθεῖραι: with βουλόμενοι.

c9 ὑεῖς: alternate acc. pl. of υἱός.

οὕς: object of καταλιπών, as well as the inf.'s.

d1 ἐκθρέψαι: from ἐκτρέφω. The force of ἐκ- is "to the end, completely."

οἰχήσῃ: second sing. fut. of οἴχομαι, which is usually accompanied by a descriptive pple.

d2 τὸ σὸν μέρος: acc. of respect—"in regard to your part," i.e., "insofar as it depends on you."

ὅτι ... πράξουσιν: "however (lit., whatever) they chance (to fare), that is how they will fare." Cf. εὖ (κακῶς) πράττω. ὅτι and τοῦτο are inner acc.

d3 ὡς τὸ εἰκός: a common idiom meaning "as is likely" (lit., "as is the likelihood").

εἴωθεν: perf. of ἔθω, "be accustomed." Rare in pres. tense.

d5 συνδιαταλαιπωρεῖν: "endure hardships through to the end with (them)."

d7 φάσκοντά γε δή: "particularly when one is used to alleging" (said with a wry smile?). γε gives its usual emphasis through limitation. δή underlines the note of irony in the suggestion that Socrates may be failing to live up to his most cherished ideal.

e2    ἀνανδρίᾳ ... ἡμετέρᾳ: "through a certain lack of manliness (or courage) on our part."

e3–    Crito enumerates three aspects of ἅπαν τὸ πρᾶγμα, which
46a2    grammatically are in apposition to it; hence, καί before ἡ εἴσοδος does not = "and," but introduces the series and can be omitted in translating. The first two items have the same grammar—a subject followed by a ὡς (probably "how")-clause. The third item, however, shows a change in structure: after τὸ τελευταῖον τουτί, instead of a ὡς-clause Crito uses an inf. phrase, διαπεφευγέναι ἡμᾶς δοκεῖν (for which a subject must be supplied, "you" or "the opportunity").

e3    τῆς δίκης: here = "the lawsuit."

e4    ἐξόν: acc. abs. (see on c6 above).
     ὁ ἀγών: can = "trial," but since it governs δίκης here, it presumably = "management" or "defense."

e5    ὡς ἐγένετο: "how it turned out."
     τουτί = τοῦτο + deictic iota (see third note on 44d2).
     κατάγελως: "mockery."

e6    τινί, τῇ ἡμετέρᾳ: Take both with both nouns, which are nearly synonymous here. κακία carries a nuance of worthlessness here rather than of outright evil. Dat. of cause.

46a1    οἵτινες: virtually = οἵ, but with a slight overtone of causality ("we who" plus "because we").

a2    οἷόν τε ... δυνατόν: acc. abs. The use of the two synonyms lends special emphasis to the possibility.
     εἰ ... ἦν: ἡμῶν is possessive gen.—"if there were even some little good (usefulness, benefit) in us."

a3    ὅρα: like Eng. "watch out!" implies taking caution; hence μή.
     ἅμα: + dat. = "along with."
     αἰσχρά: agrees with ταῦτα and complements τῷ κακῷ ("the inherent misfortune") by referring to external appearances.

a4–5    μᾶλλον δέ: "or rather." The sentence illustrates clearly the difference in aspect between the pres. and perf. stems (continuity versus completion).
     ὥρα (ἐστί) = "it is time to."

a6–7    εἰ ... περιμενοῦμεν: protasis of a fut. most vivid (minatory-monitory) condition. That is, the fut. ind. in a protasis usually issues a warning or stern advice.

a7    παντὶ τρόπῳ: an idiom meaning "in every way, by all means."

b1–2    ἡ ... εἴη: The protasis of one type of condition can be combined with the apodosis of another. Here we must supply ἐστίν in the apodosis. In the protasis, εἴη implies "should prove under examination to be." It is Socrates' desire to hint at such an imminent scrutiny on his part that causes him to use the opt. in the place of a pres. ind.

- b1 πολλοῦ ἀξία: "worthy of much, valuable."
- b2–3 εἰ ... χαλεπωτέρα: "otherwise, the greater it is the more difficult it is (for me to deal with or accept)." The correlatives ὅσῳ and τοσούτῳ are dat.'s of degree of difference with comp.'s—lit., "by as much as ... by that much."
- b3 ταῦτα πρακτέον: lit., "there-is-a-necessity-to-do these things." The verbal adj. is here used impersonally; otherwise, it would agree with ταῦτα. Thus, ταῦτα is the object; but translate: "these things must be done."
- b4–5 οἷος ... λόγῳ: οἷος here introduces an inf.-type result clause (expressing tendency). It is an adjectival equivalent of the adverbial ὥστε and = "the kind of person who" or "of such a sort as to." τῶν ἐμῶν μηδενὶ ἄλλῳ is all neuter and = "nothing of mine other than." For λόγος Burnet suggests "rule (of conduct)" here.
- b8 σχεδόν τι: equivalent to σχεδόν alone.
- c2 ὧν: gen. of comp. with βελτίω, which is masc. acc. sing. For ease, translate ὧν as a dem. pron.—"than these."
  
  ἴσθι: With εὖ this must be from οἶδα.
- c3 οὐ μή: strong denial. See on 44b8.
  
  ἄν: contracted from ἐάν.
  
  πλείω: here, simply "more," inner acc. with μορμολύττηται ("panic, terrorize"); see third note on 45b8. Μορμώ was a she-goblin with tales of whom Greek nurses used to frighten small children for constructive purposes.
- c4 ὥσπερ: governs only παῖδας.
- c6 ἀφαιρέσεις: acc. pl. of ἀφαίρεσις, "confiscation."
  
  μετριώτατα: adv.—"in the most balanced (appropriate) way."
- c8 τῶν δοξῶν: "opinions," not "reputations," as the sequel proves. Crito first introduced this consideration with πολλοῖς δόξω at 44b9.
  
  πότερον: here, introducing a direct, disjunctive question (A or B?), untranslatable in Eng. It can be translated in *indirect*, disjunctive questions (he asked *whether* A or B).
  
  καλῶς ἐλέγετο: "it was said correctly," i.e., "truly."
- d1 ταῖς μὲν ... ταῖς δὲ οὔ: "to some ... but not to the others." οὔ is accented at the end of a clause.

| | |
|---|---|
| | προσέχειν τὸν νοῦν: "apply the mind to," i.e., "pay close attention to." |
| d3 | κατάδηλος ἄρα: κατάδηλος agrees with ὁ λόγος (c7). ἄρα here does not = "therefore" but rather indicates something that the speaker has just now realized or, as here, ironically pretends to have just realized. Translate by "it seems, it turns out." |
| | ἄλλως: "for no good reason, idly." ἕνεκα λόγου = "(merely) for the sake of talk." |
| d4 | παιδιὰ καὶ φλυαρία: "childishness (not from παιδίον) and nonsense." |
| | ὡς ἀληθῶς: an idiom meaning "in truth, really." So, too, τῇ ἀληθείᾳ (48d2). |
| d5 | τί: adverbial acc.—"in any way, at all" (accent due to μοι). |
| d7 | πως: probably adds a qualifying force to ὧδε—"roughly as follows." |
| d8 | ἐγᾦμαι: ἐγὼ οἶμαι. |
| | τὶ λέγειν: "that they were saying something (of importance and value)." Indef. pron. accented for emphasis. |
| e1 | δέοι: opt. for ind. in secondary sequence in ind. disc., governed by ἐλέγετο in d7. |
| e3 | ὅσα γε τἀνθρώπεια: "at least as far as is humanly possible" (lit., "at least as much as human affairs are"). |
| 47a1 | παρακρούοι: "lead (lit., strike) you astray, skew your judgment." Indef. pron. accented for emphasis. |
| a3 | τὰς μέν: Understand χρὴ τιμᾶν. |
| a7 | χρηστάς, πονηράς: more precise than just "good," "bad"; rather, "beneficial," "deleterious." In Platonic ethics ἀγαθόν entails ὠφέλιμον ("helpful, useful"). |
| a12 | πῶς δ' οὔ: "how not?" i.e., "of course." |
| a13 | φέρε δή: Like the equally idiomatic ἄγε δή, this parenthetically alerts the listener to a question or command—"come now, tell me." |
| b1 | καὶ τοῦτο πράττων: Dyer interprets, "a man who *makes this his work*, and hence is earnest about it, one who wishes to make an athlete of himself." |
| b9–10 | ταύτῃ, ᾗ: correlated dem. and rel. adv.'s—"in this way ... (namely) in the way that, as." With ἄν plus subj., ᾗ more precisely = "in whatever way." |
| | αὐτῷ: dat. of agent. |
| b10 | δοκῇ: here, "seems best." |
| b10–11 | ἐπιστάτῃ καὶ ἐπαΐοντι: "the one who knows and is expert." ἐπιστάτης lit. = "overseer" (from ἐφίστημι, "stand |

over"), but, as Burnet points out, Plato is likely here, as at *Apology* 20a8 and *Protagoras* 312d4, to be suggesting a connection with ἐπίσταμαι, "know."

c1 εἶεν: not opt. of εἰμί, but an interjection which shows that the speaker is moving on to the next point—"well then."

c3 πείσεται: here from πάσχω, not πείθω.

c5–6 εἰς ... ἀπειθοῦντος: τῶν, which is neuter, is partitive with τί—"to which of the things (parts, aspects) of."

c8 καλῶς λέγεις: "you are right." See on 46c8.

καὶ τἆλλα ... οὕτως: "both with respect to the rest (isn't it) so." Socrates justifies his abridgment in the ἵνα-clause.

c9 διίωμεν: from δίειμι.

καὶ δὴ καί: "and in particular."

c11 ἡ βουλὴ ἡμῖν: ἡμῖν is a dat. of reference or interest, which, as its position suggests, is here almost equivalent to a possessive gen. At first sight ἡ βουλή simply seems to mean "deliberation." But at 46a above, Crito had put heavy emphasis upon βουλή in the sense "decision, chosen course of action." Since Socrates appears to be subtly correcting Crito, both senses should probably be kept in mind here.

πότερον: See on 46c8.

d2 ὄν: With an acc. object αἰσχύνομαι="feel shame or embarrassment before."

d3 ᾧ: Translate as a dem. pron.

d4–5 ὅ ... ἀπώλλυτο: The impf.'s refer back to prior discussions of the topic (cf. 46c–d), at which times Socrates and his friends would have used the pres. tense (with general, not just pres., significance). Thus, ἐγίγνετο="becomes (as we used to say)." The dat.'s are neuter and instrumental.

Socrates introduces, in a surprisingly off-hand fashion, the novel idea that, quite apart from whatever effect our actions have upon others, we affect the condition of our own souls by the moral quality of our actions. It is not a great step—and Socrates is about to take it—from here to a strictly prudentialist sort of ethics, in which the final justification of action is an appeal to self-interest in a broad sense.

d7 τό: with both attributive pple.'s, γιγνόμενον and διαφθειρόμενον—"that which is made ... "

d9 βιωτὸν ἡμῖν ἐστιν: impersonal—"is it (i.e., life) to be lived by us," i.e., "is life livable for us."

e7 ᾧ: Here λωβάομαι takes a dat. object; the acc. form is to be supplied as the object of ὀνίνησιν.

e8 ὅτι ποτ' ἐστί: ποτέ after interr.'s and rel.'s carries the same indefinite, non-temporal force as the Eng. "-ever" in expressions like "whatever do you mean?" Here, inasmuch as ὅτι already="whatever," its effect is simply to emphasize the suffix "-ever": "whatever on earth."

48a6 ἡμᾶς: "of us, about us." The expression "to say something about someone" takes two acc.'s (or an acc. of the person plus an adv. like εὖ or κακῶς.) Cf. the identical construction of ποιεῖν, "to do something to someone."

a8 εἰσηγούμενος: "introducing (the consideration) that," followed by ind. disc.

a10 μὲν δή: introduces an objection—"nevertheless, all the same."

a11 ἀποκτεινύναι: ἀποκτείνυμι is an alternate for ἀποκτείνω.

b1-2 Crito is almost comical in his enthusiastic triple concurrence with Socrates' new objection. The sheer power of the majority is something he can really sink his teeth into, unlike the more abstract sort of argument Socrates has just propounded and is wont to propound.

b3 διεληλύθαμεν: perf. of διέρχομαι.

b4 ὅμοιος ... καί: "the same as."

b5 μένει ἡμῖν: i.e., "remains valid, holds good, for us."

b8 τὸ ... ἐστιν: In crasis τὸ αὐτό usually takes the form ταὐτόν. ταὐτόν here does not mean that the three terms are synonymous (which is untrue), but that in Socratic ethics, where τὸ ζῆν is concerned, they are logically equivalent. That is, if one lives εὖ then one is also living καλῶς and δικαίως, and *vice versa*.

b12 μή: not οὐ because the pple. is conditional.

c2 ἐῶμεν: For the idiom see on 45a1.

c4 μή: plus subj. (that is, a fear clause) may be used independently in place of an ind. to make an assertion softer, more tentative in tone. Translate as if it were ind., but add a parenthetical "I fear" or "perhaps." "The considerations which you mention ... , these I fear are considerations ... " Socrates uses the construction a remarkable three times in this paragraph.

c5 ἄν: can add a potential ("would") force to a pple. This pple., thus, functions like the apodosis of a pres. contrafactual condition—"of those who would restore to life."

c6 τούτων τῶν πολλῶν: appositional to τῶν ... ἄν. τούτων is pejorative (see on 45a8). Plato achieves a strong contrast through the juxtaposition of this phrase, deliberately postponed to the end for this reason, and ἡμῖν δ'.

c6-7 ὁ λόγος οὕτως αἱρεῖ: "the argument (that the opinions of οἱ πολλοί are worthless) holds in this way."

c7 μή: See on c4.

c8 καί: "both," connecting χρήματα to χάριτας.

d1 ἐξάξουσιν: dat. fut. pple.

d2 τῇ ἀληθείᾳ: "truly."

d3 κἂν ... ἐργαζόμενοι: κἂν=καὶ ἄν (καὶ ἐν would become κἀν). φαίνομαι plus pple. differs from φαίνομαι plus inf. The latter="I seem to" (suggesting doubt), while the former="I am clear in doing" or, more idiomatically, "it is clear that I am doing" (implying no doubt).
ἄδικα αὐτά: lit., "doing them as unjust things," i.e., "doing unjust things in this, acting unjustly in this."
οὐ δέῃ: "we must not," the regular sense of οὐ δεῖ.

d4 δέῃ, δεῖ: The first="should," but the second is close to ἀνάγκη, meaning "will have to."

d5 ὁτιοῦν: from ὁστισοῦν, a strong indefinite, "anything whatsoever."
πρὸ τοῦ ἀδικεῖν: "before (i.e., rather than) acting unjustly."

d7 τί δρῶμεν: deliberative subj. (see third note on 45b8).

d8 ἔχεις: with an inf. = "can."

e2 παῦσαι: first aor. midd. imper.

e4 ταῦτα πράττειν: object of περὶ πολλοῦ ποιοῦμαι; *not* with πείσας σε.

e5 μὴ ἄκοντος: μή because of the implied inf. "but not (to do this)." With ἄκοντος supply σοῦ from σε above.

49a1 πειρῶ: pres. midd. imper.
ᾗ ἄν: "in whatever way."

a2 μάλιστα: "really."

a4 ἑκόντας: modifies ἡμᾶς, the understood agent of ἀδικητέον. Like its antonym ἄκων, ἑκών frequently is best translated as an adv.—"willingly."

a5-6 ἢ ... καλόν: a rephrasing of the initial clause of the speech. Plato is fond of giving emphasis by this A or B or A sequence in questions.

a6 ἡμῖν: dat. of agent with aor. pass. (more common with perf. pass.).

a9 ἐκκεχυμέναι εἰσίν: perf. of ἐκχέω, "pour out," "throw out."

b1 διαφέροντες: διαφέρω + gen. = "differ from" or "be superior to."

b2   παντὸς μᾶλλον: "more than everything," i.e., "utterly."
b5   τυγχάνει ὄν: here, "really is."
b10  ἀνταδικεῖν: "do injustice in return."
c2   τί δὲ δή: "and what about this?" a formula of transition, functioning like εἶεν.
c11  οὐδ'... αὐτῶν: The understood subject of πάσχῃ is that of ἀνταδικεῖν and ποιεῖν—an indefinite third sing.—"not even if one suffers anything at all from them," i.e., "no matter what one suffers at their hands."
c11– ὅρα ... ὅπως μή: + subj., a common construction for
d1   warnings, "see to it that you do not."
     παρὰ δόξαν: "contrary to (your own and most people's) opinion."
d3   δέδοκται: The tense gives a nuance of fixity, of having made up one's mind once and for all.
     κοινὴ βουλή: i.e., they cannot consult and deliberate jointly because they disagree on this basic premise.
d6   συνδοκεῖ σοι: συν- is completed by an implied μοι—thus, "you agree with me."
     ἀρχώμεθα: The construction shifts to delib. subj.
d7–9 ὡς ... ἀντιδρῶντα κακῶς: This long gen. abs. with ὡς is virtually ind. disc. and gives content to ἐντεῦθεν: "from this point, that never is it right ..."
d9   ἤ: balances πότερον in d5.
     τῆς ἀρχῆς: Verbs of sharing govern a partitive gen. The meaning of ἀρχῆς here derives from ἀρχώμεθα in d6, "starting point, premise."
e2   πῃ ἄλλῃ: "in some other way."
     ἐμμένεις τοῖς πρόσθε: "you abide by, hold to, the foregoing." Since ἐν governs a dat. as a prep., it does likewise as a prefix.
e3   τὸ μετὰ τοῦτο: "the thing after this," i.e., "the next point."
e6   ἅ ... ὄντα: ἅ is an inner acc., τῳ is the usual dat. of the person with ὁμολογέω—"whatever agreements (i.e., compacts) one makes with someone which are (i.e., if they are) just."
e7   ἐξαπατητέον: "should one cheat?"
50a1– καὶ ταῦτα: a common idiom meaning "and at that, and
2    what is more."
a2   ἥκιστα δεῖ: "one ought least (of all)."
a6–8 μέλλουσιν: pple.; ἡμῖν depends on the prefix in ἐπιστάντες ("standing over").
a7   ὅπως: "however."

| | |
|---|---|
| a7–8 | οἱ νόμοι ... πόλεως: lit., "the laws and the common thing of the πόλις," i.e., "the laws and the commonwealth." As K.J. Dover (abridged edition of Aristophanes' *Clouds*, Oxford 1970, xxiii) points out, "the personification of the Laws in Plato's *Crito* has its roots in ordinary linguistic usage (ὁ νόμος κελεύει and ὁ νόμος ἀπαγορεύει)." |
| a9 | μοι: Why the sing.? Perhaps, as in the chorus of a Greek tragedy, the Laws are imagined as having a leader who speaks for all and employs at will sing. or pl. |
| | ἄλλο τι ἤ: lit., "(is it) anything other than," but translate "isn't it true that ... ?" |
| a9–b1 | τούτῳ τῷ ἔργῳ: dat. of means with ἀπολέσαι. |
| b2 | τὸ σὸν μέρος: See on 45d2. |
| b3 | εἶναι: This does not complete οἷόν τε, which has its own εἶναι understood, but = "to exist," with τὴν πόλιν as acc. subject. Burnet may be right in seeing in ἀνατετράφθαι the metaphor of the ship of state, since the verb ἀνατρέπω can be technical for "capsize." |
| b4 | αἱ γενόμεναι δίκαι: "the verdicts rendered." |
| | μηδὲν ἰσχύωσιν: "have no force, authority." |
| b7 | ἄλλως τε καί: "both otherwise and," i.e., "especially." The language of this sentence seems to allude to a conservative feature of the Athenian judicial system: if a new statute was thought to violate an existing law, a suit (γραφὴ παρανόμων) could be brought against the statute's proposer, a ῥήτωρ being appointed to defend the already existing law. |
| c1 | ὅτι: sometimes introduces direct discourse; do not translate. |
| c3 | νὴ Δία: See on 43b3. νή gives affirmative coloring to an oath—"yes, by Zeus." |
| c4 | ἦ καί: gives an eager tone to the question. |
| c9 | τί ἐγκαλῶν: "by bringing what charge against." |
| d2 | καί: simply introduces a rephrasing, in which the initial οὐ is still felt, "and did not ... ?" |
| d5 | ἔχουσιν: pple. |
| d7–8 | probably filled with military imagery—προστάττω can = "give an order in battle," τάττω often = "put into battle formation" (especially in perf. pass.), and παραγγέλλω also can = "give or pass along an order in battle." |
| e1 | μουσικῇ καὶ γυμναστικῇ: These two terms in such a context embrace the whole of a Greek boy's education—intellectual and physical training (not just music and gymnastics, which the words can also mean). |

e3    καὶ ἔκγονος καί: "both ... and." ἡμέτερος modifies both nouns.

e5    ἆρ' ... ἡμῖν: ἐξ ἴσου = "equally" — hence, "do you then suppose that justice exists equally for you and for us?" i.e., "that you have equal rights with us?" Plato now goes beyond the argument of 49b–d: it is no longer a question of whether one may retaliate for wrongdoing against just anyone, but against one's "parent" and "master."
ἄττ': ἄττα = ἅ τινα.

e6    καὶ σοί: "for you, too."

e7    πρός: governs τὸν πατέρα, i.e., "or, on the one hand, were your rights *not* equal with regard to your father ... so as (for you) to also ... "

e9    ὥστε ... ἀντιποιεῖν: ἀντιποιεῖν here implies (hypothetical) repeated action in the past; ἅπερ πάσχοις, therefore, has the form of a past general protasis.

e9–51a1    οὔτε ... ἀντιλέγειν: οὔτε because οὐκ (e7) is still operative; translate as "whether ... or ... or."
κακῶς ἀκούοντα: evidently, "when being reprimanded."

51a2–3    πρὸς δὲ ... σοι: "whereas, on the other hand, ... it *will*, it seems (ἄρα), be possible for you (to do such things) ... ?"

a3    ὥστε: governs ἐπιχειρήσεις and φήσεις.

a4    καὶ σὺ δέ: apodotic δέ, which is adverbial and simply emphasizes the contrast with ἡμεῖς; simply stress "you." καί = "also."

a5    καθ' ὅσον δύνασαι: "to the extent that you can."

a6–7    ὁ ... ἐπιμελόμενος: Socrates, in making the Laws indulge in this sarcasm, is turning the tables on Crito, who had used nearly the identical expression in recommending escape (45d8).

a7    Here begins a *very* long question. ὅτι governs 8 coordinate clauses, ending at c3.
λέληθεν: from λανθάνω.

a9    τιμιώτερον ... ἁγιώτερον: Observe the gender — "a more honored thing," etc. Adam points out that the series of adj.'s forms a climax: "τίμιος is one of the loftiest epithets that can be applied to τἀνθρώπινα: σεμνός is applied to τὰ θεῖα as well: ἅγιος almost exclusively to τὰ θεῖα."

b1    καὶ ἐν ... καὶ παρά: "and in a position of greater respect (lit., portion) both among ... "

b2    μᾶλλον: with both inf.'s which follow.

b3    θωπεύειν: "cajole," "flatter."

- b4 πάσχειν: δεῖ (b2) still governs.
- b5 ἡσυχίαν ἄγοντα: with πάσχειν, not παθεῖν.
- b5–7 ἐάντε ... ταῦτα: δεῖσθαι is from δέω, "bind, put in chains or prison" (cf. δεσμωτήριον). ἐάντε ... ἐάντε = "whether ... or"; but with the third ἐάντε ("or if") Socrates changes construction, treating the sequel as an independent sentence.
- b6 τρωθησόμενον: from τιτρώσκω, "wound."
- b8 τὴν τάξιν: "one's battle post."
- c1 πείθειν: Understand δεῖ.
  ᾗ rel. adv.—"persuade it (of) the way in which justice is by nature," i.e., "what the nature of justice is." In the perf. φύω is intransitive and means "be naturally such-and-such."
- c2–3 πολὺ ... ἧττον: "much less still than these." ἥττων is an irregular comp. with no extant positive degree.
- c7 οὐ δίκαια: i.e., ἄδικα; οὐ modifies only δίκαια, not the clause.
- c9–d1 ἁπάντων ... πολίταις: μεταδίδωμι = "give a share of something (gen.) to someone (dat.)." ἁπάντων and καλῶν go together—"(a share) of all the fine things which we could."
- d1–4 ὅμως ... ἐξεῖναι: "nevertheless, we give public notice (or else "we announce in advance") ... that it is possible (for someone) to ... "
- d2 τῷ ἐξουσίαν πεποιηκέναι: "by having created the possibility or power" (to leave, as we find out in d5).
- d3 δοκιμασθῇ: "whenever he undergoes his δοκιμασία," an examination at age 18 to determine whether a young man was to be enrolled as a citizen in his δῆμος. In this context the word "deme" would refer to the smallest political subdivision in Athens. There were about 150 demes, and membership was based on heredity.
- d5 τὰ αὑτοῦ: Notice breathing—"his own things."
- d6 ἐμποδών: "in the way." Curious etymology—the word arises through an analogy with ἐκποδών, its antonym. ἐκποδών, lit., "out of (one's) feet," i.e., "out of the way, presenting no bar," is simply ἐκ ποδῶν. The opposite should have been ἐμποσί, but evidently the semantic influence of ἐκποδών proved stronger than syntactic rules.
  ἀπαγορεύει: "forbids," governs ἰέναι in d8.
- d7–8 ἀποικίαν, μετοικεῖν: technical terms—ἀποικία was a colony, and a colonist would retain citizenship in the μητρόπολις,

the "mother-city" which established the colony; a μέτοικος, however, was a resident alien, not a citizen.

e1 παραμείνῃ: a good example of the aspectual nuance of the aor. Whereas the pres. subj. would=simply "stay," i.e., "continue to stay," the aor. connotes the specific moment of decision, made at reaching one's majority, to stay rather than leave. The force of παρα- is "at our side, among us."

e3 ἤδη: "at that point in time" (as not before).
ἔργῳ: "by action, actively," as opposed to merely verbally (cf. 52d5 below).

e6 ὅτι τροφεῦσι: The rest of the clause is to be supplied from the preceding clause.

e7 πείθει ἡμᾶς: Understand ᾗ τὸ δίκαιον πέφυκε (c1 above).

52a1 προτιθέντων ... ἐπιτατόντων: The gen. abs. is probably concessive.

a2 δυοῖν θάτερα: "one or the other of two (alternatives)." θάτερα is equivalent to τὸ ἕτερον, which can also = "one of two" or "the other (of two)."

a3 καὶ σέ: emphasized bacause since d1 the Laws have been discussing any Athenian.

a4 ἐνέξεσθαι: fut. midd. of ἐνέχω with pass. sense.

a5 ἐν τοῖς μάλιστα: See on 43c7.

a6 καθάπτοιντο: "attack" (here, verbally). ἅπτομαι (midd., "fasten upon") and its compounds govern the gen.

b2–3 τῶν ... ἁπάντων: gen. because διαφερόντως here is a virtual comp.

b4 ἐπὶ θεωρίαν: "for (i.e., to go and view) a spectacle," e.g., the games held at various shrines in Greece.

b5 ὅτι μή: "except."
Ἰσθμόν: the site of the Isthmian games.

b6 στρατευσόμενος: From the *Apology* we learn that Socrates fought in three battles of the Peloponnesian War—Potidaea, Delium, and Amphipolis. In Plato's *Symposium* we hear that he was a remarkably brave soldier. All evidence supports the conclusion that Socrates was totally conscientious in his civic duties.

b8 εἰδέναι: Since the rest of this clause is complete in itself— the gen.'s are objective and governed by ἐπιθυμία—εἰδέναι must be regarded as a tacked-on inf. of purpose or result ("epexegetical inf."), "so as to (get to) know them."

c2 ᾑροῦ: impf. midd. of αἱρέω—"you continued to choose."
τά τε ἄλλα καί: "and in particular."

- c3 ἔτι τοίνυν: "furthermore."
- c4 δίκη: "trial."
  φυγῆς τιμήσασθαι: gen. of the penalty—"assess for yourself a penalty of exile." After a guilty verdict both the prosecutor and the defendant had the right to propose a sentence to the jury. Far from proposing φυγή for himself, in the *Apology* Socrates toys with the idea of asking for free meals for a year, on the ground that he is so valuable to the city.
- c5 ἀκούσης: from ἄκων.
- c6 ἐκαλλωπίζου: "beautified yourself," hence, "put on airs."
- c7 δέοι: opt. permissible because sequence (primary vs. secondary) is determined not by pple.'s (or inf.'s) but by the tense of the finite (conjugated) verbs on which they depend, here ἐκαλλωπίζου.
- c9 ἐντρέπῃ: + gen. = "turn to, respect, heed."
- d1 τε: after οὔτε = "but rather."
- d2 παρά: "in violation of."
- d3 συνέθου: aor. midd. of συντίθημι.
  μὲν οὖν: often has a summarizing force before the progression to the next point—"so then." The expected δέ is replaced by ἄλλο τι οὖν ἤ (d8).
- d5 ἔργῳ ἀλλ' οὐ λόγῳ: modifies ὡμολογηκέναι.
- d6 ἄλλο τι ἤ: See on 50a9.
- e1 ἡμᾶς αὐτούς: cannot be reflexive here; rather, αὐτούς intensifies ἡμᾶς—i.e., "not just anybody, but us, the Laws," or else "us personally."
- e3 ἔτεσιν: from τὸ ἔτος.
- e5 Λακεδαίμονα: Sparta.
- 53a1 βαρβαρικῶν: Greek for "non-Greek."
- a2 αὐτῆς: i.e., "your city," Athens.
- a2-3 οἱ ... ἀνάπηροι: "the lame, the blind, and the other maimed."
- a4 δῆλον ὅτι: In such a context it simply = "clearly" and is sometimes written as one word.
- a5 ἄνευ νόμων: i.e., "without (its) laws (also being pleasing)."
- a6 ἐὰν ... πείθῃ: Supply ἐμμενεῖς.
- a8 ἐξαμαρτάνων τι τούτων: "committing any of these wrongs." The inner acc. τι governs τούτων, a partitive gen. ταῦτα also is inner acc.
- b1 κινδυνεύσουσι: probably in its basic sense "risk."
- b2 φεύγειν: technical here—"go into exile" (cf. φυγῆς, c4 above).

b4  Θήβαζε, Μέγαράδε: The suffix -δε = "to." Θήβαζε = Θήβας (acc. pl.) + δε. This is evidence for the pronunciation of zeta as zd.

b7  ὑποβλέψονταί σε: just like Latin *suspicio* (i.e., *sub-spicio*), which gives Eng. "suspect." σε goes with both this and the pple.

b8  δοκεῖν: In view of τὴν δόξαν ("their judgment"), this probably = "they will think."

c2  νέων ... διαφθορεύς: a reference to the charge that Socrates corrupted the young (and turned them against their elders). ἀνοήτων describes νέων and is not pejorative here; it simply means that they were too young to know better than to listen to Socrates.

c4  τοὺς κοσμιωτάτους: "those who lead the most well-ordered lives." κόσμος is anything that has order and system within it.

c5  ἀναισχυντήσεις: from ἀναισχυντέω, "be shameless."

c7  ἄξιον: indicates that ἀρετή and δικαιοσύνη are functioning as a unit. In fact, the latter is a sub-class of the former.

c8  νόμιμα, νόμοι: After the sense of νόμοι narrowed to just "laws," νόμιμα took up the sense "customs." (I am indebted to my colleague, Martin Ostwald, for this observation.) Both words are connected with νομίζω, whose original meaning was "do customarily."

c8–d1  καὶ ... πρᾶγμα: On the principle of *difficilior lectio*, ἄν should probably be retained. That principle says that in a conflict between two manuscript readings, the more difficult reading should be preferred. A medieval scribe would be more likely to have simplified an inherited difficult reading than the reverse. This would leave us with ἄν modifying a fut., which, while common enough in Homer, is very rare in Attic. The verb would be less vivid than a simple fut. but more so than a potential opt.
τὸ τοῦ Σωκράτους πρᾶγμα: "the (whole) Socrates-affair," with some denigrating force.

d2  ἐκ ... ἀπαρεῖς: The reference in τούτων is to the nearby cities (b4). ἀπαρεῖς is from ἀπαίρω, a contraction of ἀπ-αείρω; it is intransitive here—"depart."

d3  πλείστη: abs. superlative—"a very great amount of."

d4  ὡς: "how."

d5  ἀπεδίδρασκες: a vivid, pictorial impf.—"there you were, sneaking away."

- d6 σκευήν: i.e., "disguise."
- d6 διφθέραν: a leather garment.
- d7 καὶ ... μεταλλάξας: parallel to περιθέμενος (notice τε after σκευήν). ἢ ... ἢ in d6 must then = "either ... or."
- d8 γέρων: here an adj.
- e1 γλίσχρως: "greedily, tenaciously."
- e2 οὐδεὶς ὅς: Supply ἐστί — "is there no one who?"
  ἴσως: "perhaps (not)."
- e3 ἀκούσῃ: The fut. of ἀκούω is ἀκούσομαι.
  πολλὰ καὶ ἀνάξια: Unlike Eng., Greek does not omit "and" between "many" and another adj.
- e4 ὑπερχόμενος: "creeping up to," "fawning upon."
- e5 τί ... Θετταλίᾳ: "doing what in Thessaly — feasting?" Thessaly was proverbial for hospitality, though the irony here is heavy.
- e6 ἐκεῖνοι: here with an exalting nuance (contrast οὗτος), though it continues the irony that pervades the whole passage — "those fine, famous disquisitions."
- 54a1 τῆς ἄλλης ἀρετῆς: "the rest of ἀρετή," in the sense "moral excellence generally."
  ἡμῖν: ethical dat. — "tell us!" In the first person it is used especially in questions and commands to suggest the special interest of the speaker in the answer or in the execution of the command. With commands it is translated best as "please" or "for my sake."
  ἀλλὰ δή: introducing a new idea after one has just been rejected — "or is it rather that ... "
- a4 ξένους ποιήσας: Supply αὐτούς.
- a5 αὐτοῦ: adv., "here."
- a6 θρέψονται, παιδεύσονται: The fut. midd. often has pass. sense.
- a7 πότερον: The alternative question ("or will they look after them no matter what?") is never posed, since εἴπερ ... χρή renders it superfluous.
- a8 εἰς Ἅιδου: "into (the home) of Hades." Hades for the classical Greeks was a god, not a place.
- a9–b1 εἴπερ ... εἶναι: Once again Socrates turns Crito's own words back upon him — see 46a2. With φασκόντων the Laws enjoy their last bit of sarcasm. They imply — that is, Socrates implies — that Crito and those for whom he speaks, while claiming to be Socrates' friends, are actually falling short of their responsibility as friends, in trying to persuade

him to escape. After all, what the Laws think they have demonstrated is that it would be both wrong and foolish for Socrates to do so.

b1 οἴεσθαί γε χρή: After οἴεσθαι supply "that your friends will *not* behave in this way," i.e., that they will look after your children no matter what.

b5 οὔτε: answered by οὔτε in b7.
ἐνθάδε: a regular way of saying "on earth, in this life"; opposed to ἐκεῖ.

b7 τῶν σῶν: "your people" (presumably family and friends).

b8 ἄπει: In Attic the pres. tense of εἶμι often has fut. sense. "Go away" here is evidently euphemistic for "die," whereas ἐξέλθῃς in c2 = "escape."

c6 ζῶντι: "while you are alive."

c8 μή σε πείσῃ: equivalent to a negative imper.

d3 κορυβαντιῶντες: The Corybantes were priests of Cybele, the Great Mother Goddess; they engaged in ecstatic rites. Although the point of the comparison is complex—in other passages Plato uses this very comparison for disparagement or irony—we can at least say here that Plato wishes to suggest that λόγοι, reasoned arguments, create for Socrates the ecstasy for which others turn to orgiastic and irrational rites.

d4 βομβεῖ: onomatopoetic—"buzzes."

d7 τι ... πλέον ποιήσειν: an idiom meaning "you will get somewhere," "it will do you some good."

e2 ὁ θεός: not evidence for monotheism in Socrates (or Plato), but simply a standard way of referring to some unidentified divinity. Cf. the pl. τοῖς θεοῖς in a passage of almost identical import, 43d7.

## Selected Bibliography

For further assistance with the *Crito*, see the annotated editions of J. Adam (Cambridge 1891), J. Burnet (Oxford 1924), and L. Dyer, revised by T. Seymour (Los Angeles 1973). The present edition is indebted in many ways to these.

Following are a few worthwhile interpretive studies:

Bambrough, R. "Plato's Political Analogies," reprinted in *Plato*, ed. G. Vlastos (Garden City 1971) vol. II, 187–205. A critique of the idea (*Crito* 47) that ethics (or politics) resembles skills like medicine and navigation.

Vlastos, G., ed. *The Philosophy of Socrates* (Garden City 1971). A collection of essays by various scholars.

Woozley, A.D. *Law and Obedience: The Arguments of Plato's* Crito (Chapel Hill 1979).

## Index of Constructions Discussed in the Notes

acc. absolute, 45c6
acc. of exclamation, 43b3, 50c3
acc. of inner object, 45b8
apodotic δέ, 51a4
aspect of verb stems, 46a4–5, 51e1

dat., ethical, 54a1
dat. governed by prefix, 49e2
dat. of agent, 49a6
dat. of hostility, 43c3

fut. middle for pass., 54a6
fut. most vivid condition, 46a6–7
fut. with ἄν, 53c8–d1
fut. with οὐ μή, 44b8

gen. of cause, 43b4
gen. of time, 44a5–6
gen. of value, 46b1

impf., negated, 43b6
ind. in purpose clause, 44d7
ind., potential, 43b3
indirect discourse with ὡς, 43b5
inf., absolute, 43d2

inf., articular, 43a7, 43c3
inf., epexegetical, 52b8
inf. of result with οἷος, 46b4–5
inf. with μή or μὴ οὐ, 43c3
pple. with ἄν, 48c5
pple. with ὥς, 44c1
prolepsis, 45a9
question with ἄλλο τι ἤ, 50a9
question with μή, 44e2
question with οὐ, 43a1
question with πότερον, 46c8
sequence of moods, 52c7
subj., attraction to opt., 45b8
subj., deliberative, 45b8
subj., independent, with μή, 48c4
subj. in secondary sequence, 43b6
subj. with ὅπως μή, 49c11–d1
wish with ὤφελον, 44d6

## Index of Idioms Discussed in the Notes

ἄλλο τι ἤ, 50a9
ἄλλως τε καί, 50b7
δῆλον ὅτι, 53a4
δοκεῖν μέν μοι, 43d2
δυοῖν θάτερα, 52a2
ἐάω (χαίρειν), 45a1
ἐν τοῖς + superl., 43c7
ἕνεκα λόγου, 46d3
ἐξ ἴσου, 50e5
ἔχω + adv., 44d8
ἔχω + inf., 48d8
καὶ ταῦτα, 50a1
κινδυνεύω + inf., 44a7
μᾶλλον δέ, 46a4–5
νῦν δέ, 44d8

οἷός τ' εἰμί, 44c1
ὅμοιος καί, 48b4
ὅτι μή, 52b5
παντὶ τρόπῳ, 46a7
πάνυ μὲν οὖν, 43a2
περὶ πολλοῦ, 44c3
πλέον τι ποιέω, 54d7
πράγματα παρέχω, 44e4
προσέχω τὸν νοῦν, 46d1
τῇ ἀληθείᾳ, 48d2
τί λέγω, 46d8
τὸ σὸν μέρος, 45d2
φέρε δή, 47a13
ὡς ἀληθῶς. 46d4
ὡς τὸ εἰκός, 45d3

9780929524245.